Bruder Paulus Terwitte

Geht's noch, Gott?
Antworten auf große Fragen

BRUDER PAULUS TERWITTE

Geht's noch, Gott?

Antworten auf große Fragen

BONIFATIUS

Bibliografische Information der Deutschen Nationalbibliothek:
Die Deutsche Nationalbibliothek verzeichnet diese Publikation in der Deutschen Nationalbibliografie; detaillierte bibliografische Daten sind im Internet über http://dnb.d-nb.de abrufbar.

Klimaneutrale Produktion.
Gedruckt auf umweltfreundlichem, chlorfrei gebleichtem Papier.

Der Verlag weist ausdrücklich darauf hin, dass bei Links im Buch zum Zeitpunkt der Linksetzung keine illegalen Inhalte auf den verlinkten Seiten erkennbar waren. Auf die aktuelle und zukünftige Gestaltung, die Inhalte oder die Urheberschaft der verlinkten Seiten hat der Verlag keinerlei Einfluss. Deshalb distanziert sich der Verlag hiermit ausdrücklich von allen Inhalten der verlinkten Seiten, die nach der Linksetzung verändert wurden, und übernimmt für diese keine Haftung.
Alle Internetlinks zuletzt abgerufen am 10.01.2022.

© 2022 Bonifatius GmbH Druck | Buch | Verlag, Paderborn
Alle Rechte vorbehalten. Das Werk darf – auch teilweise – nur mit Genehmigung des Verlags wiedergegeben werden, denn es ist urheberrechtlich geschützt.

Umschlaggestaltung: Weiss Werkstatt München, *werkstattmuenchen.com*
Umschlagfoto: Janis Farhat / Lamalo Consulting GmbH
Satz: Bonifatius GmbH, Paderborn
Lektorat: Nadine Weihe, www.lektorat-weihe.de
Druck und Bindung: CPI books GmbH, Leck
Printed in Germany

ISBN 978-3-89710-911-7

Weitere Informationen zum Verlag:
www.bonifatius-verlag.de

Inhalt

EINLEITUNG 9

I. VON DER SUCHE NACH DEM SINN

Was ist im Leben wirklich wichtig?................................... 13

Flutkatastrophen, Waldbrände, Vulkanausbrüche,
Erdbeben, … Geht's noch, Gott?
Oder ist das alles unsere eigene Schuld? 19

Was ist das Geheimnis eines erfüllten Lebens? 22

Was ist Glück? 27

Wie definierst du Erfolg? 32

Wird unser Leben vom Schicksal bestimmt? 37

Was kann ich als Einzelner tun,
damit sich die Welt zum Besseren entwickelt? 42

Hat das Leben mehr zu bieten?
Warum habe ich immer das Gefühl,
dass mir etwas fehlt? 47

II. HERAUSFORDERUNGEN DES LEBENS ANNEHMEN | MEISTERN | BEGEGNEN

Wie gehe ich damit um,
dass nicht nur mein eigenes Leben begrenzt ist,
sondern auch meine Möglichkeiten?............................... 53

Wie kann ich meine Angst besiegen? 57

Ich traue mir vieles nicht zu.
Wie kann ich mich selbst motivieren?............................. 62

Ich glaube, ich halte das alles nicht mehr aus,
mein Leben hat keinen Sinn mehr. Was soll ich tun? 68

Hätte ich doch damals …
Was hilft mir, mir selbst zu vergeben? 73

Wie finde ich das Abenteuer in meinem Leben? 78

Musst du heute leben, um in Ruhe sterben zu können? .. 84

Ich will sterben, darf aber nicht.
Wie stehst du zum Thema Sterbehilfe? 89

Ich muss bald sterben. Wie gehe ich damit um? 94

III. GLAUBE MAL GANZ PERSÖNLICH

Ist es wirklich von Bedeutung, was ich glaube? 101

Hat Gott für jeden Menschen einen Plan?....................... 105

Gott liebt uns und möchte nur das Beste für uns.
Warum ist das so schwer zu glauben?............................. 109

Wie gehst du mit Zweifeln um?...................................... 112

Wann hat dich Gott zum letzten Mal enttäuscht?.......... 117

Wann hast du zum letzten Mal gesündigt?..................... 122

Du glaubst an Gott. Glaubst du auch an den Teufel?...... 127

Wie werde ich im Glauben demütiger?.......................... 131

IV. MENSCH UND MITEINANDER

Wie kann ich meine Beziehung wieder beleben?............. 139

Meine Beziehung steckt in einer tiefen Krise.
Wie macht man richtig Schluss? 145

Was zeichnet Freundschaft aus? 150

Gibt es so etwas wie eine Seelenverwandtschaft? 154

Wie verzeihe ich richtig?.. 159

Wie kann ich Menschen lieben,
die mir auf die Nerven gehen? 163

Wo sind die Grenzen der Toleranz?................................ 167

Ich finde keinen Zugang mehr zu meinem Kind.
Was kann ich tun? 173

V. DER GLAUBE UND DAS BODENPERSONAL

Wohin führt mich die Frage
nach Gott oder den Göttern? 181

Wer ist Jesus? 186

Ist der Papst wirklich unfehlbar? 190

Immer mehr Menschen treten aus der Kirche aus.
Was macht ihr falsch? 195

Was ist deine Botschaft für Atheisten? 200

Einleitung

Glauben weckt Fragen. Das wundert viele, denn manche halten so einen Ordensbruder wie mich für einen überzeugten Christen, den nichts von seinen Meinungen und Einsichten abbringen kann. Aber weit gefehlt! Der wirklich glaubende Mensch ist tief verwurzelt in Gott und kann deswegen offen sein für alles, was in der Welt geschieht. Wer ein starkes Fundament hat, braucht nicht starrköpfig fundamentalistisch zu sein. Wer ein starkes Fundament hat, fühlt sich sicher und wird aufmerksam für das, was um ihn herum geschieht. Und er gerät dadurch ins Zweifeln.

Der Zweifel ist eine gute Schwester des Glaubens, denn niemand ist sich wirklich immer seines Glaubens sicher – so wie keiner sich auch seiner Liebe sicher sein kann. Sie wird immer neu herausgefordert. Ein Gespräch, das man mit jemand anderem geführt hat, wirft ein neues Licht auf die eigene religiöse Entscheidung. Eine Erfahrung, die man in einer Gruppe gemacht hat, lässt einen den eigenen Lebenspartner oder die eigene Lebenspartnerin in einem neuen Licht erscheinen. Es kommen Zweifel auf: Habe ich richtig gewählt? Habe ich die richtige Einstellung? Höre ich eigentlich richtig hin? Bin ich der richtige Mensch für diesen Menschen? – Selbstzweifel, Zweifel über den anderen, Zweifel über Gott, Zweifel über das Leben gehören mit zu einem lebendigen Dasein in dieser Welt.

Ich möchte Sie mit diesem Buch gerne einladen, dass Sie mir mit Ihren Fragen und Ihren Überlegungen begegnen. Jedes

Wort habe ich in eine konkrete Situation hineingesprochen, das gesprochene Wort ist die Grundlage der Texte, die Sie hier finden. Fühlen Sie sich einen Moment von mir begleitet, angestoßen … vielleicht auch manchmal sogar angestachelt oder auch aufgestachelt.

Ich freue mich, wenn Sie mir schreiben (www.bruderpaulus.de) und mir Ihre Gedanken mitteilen, denn ich warte darauf, dass mir Menschen in lebendiger Begegnung den Horizont eröffnen. Ich fühle mich getragen von Gott, aber manchmal frage ich mich auch, wie er mich wohl trägt, wohin er mich wohl trägt und warum das eine Situation sein soll, in der er mich noch tragen kann.

Dieses Buch ist entstanden aus einer Podcast-Reihe, in der ich mich Fragen des Alltags gestellt habe. Fragen über Gott und die Welt. Vielleicht tauchen Sie mit mir gemeinsam in die Antworten ein.

Ihnen viel Spaß beim Lesen und bei den Begegnungen mit Gott. Es gibt so viele Begegnungen mit Gott wie es Menschen gibt – also: Auch für Sie ist eine individuelle Begegnung dabei!

Bruder Paulus Terwitte

I.

VON DER SUCHE NACH DEM SINN

Was ist im Leben wirklich wichtig?

Wirklich wichtig ist, dass ich Zeiten der Stille pflege. Das ist für mich der erste Punkt. Es scheint mir in einer hektischen Zeit das Allerwichtigste zu sein, dass jeder Mensch für sich Zeiten der Unterbrechung einplant. Der Ehemann braucht halt eine Stunde in der Woche, in der er wirklich mal alleine spazieren geht und mal zu sich kommt und zu Gott und sich findet. Genauso die Ehefrau, der Jugendliche. Am Tag braucht es solche Zeiten der Stille, in der ich aus dem Takt gerate. Wenn man so will auch gerne in Unordnung – also nicht in der Ordnung der Kalender, in der Ordnung der einlaufenden E-Mails, die ich beantworten muss. Es ist wichtig, dass ich aus dieser Maschinenwelt, aus dieser elektronisch gesteuerten Welt aussteige, den Aus-Knopf finde. Die Stille ist der Anfang des Staunens, und die Stille macht demütig. Darum gehört zu den allerwichtigsten Dingen im Leben die Stille.

Zu einer Ehe gehören Zeiten, in denen Mann und Frau still miteinander auf einer Parkbank sitzen und sich gegenseitig genießen. Zum Gebet gehört die Stille. Man gehe in ein Museum. Das ist heute auch schon fast eine Seltenheit, dass es da wirklich still ist. Vor einem Bild zu sitzen und sich ansprechen zu lassen und zu merken: Die Stille kann auch unheimlich werden, weil sie so viel in einem weckt. Die Kirchenväter sprechen von den „Affen, die im Kopf herumspringen", wenn es still wird. Plötzlich wird man ganz aufgeregt. Und manchmal scheint mir die Aufregung in der Welt eine Folge davon zu sein. Die Aufregung in der Welt scheint mir manchmal gemacht zu sein, damit ich die innere Erregung, die in der Stille passiert, nicht aushalten muss. Nichts ist schöner als die Stille, weil man intensiver fühlt, intensiver denkt, intensiver traurig ist, intensiver glücklich ist. Es geht um „Verweilen können", so ein altes deutsches Wort. Verweilen können. „Augenblick, verweile doch, du bist so schön", sagte schon Goethe. Dieses Verweilen bei sich, beim anderen, bei Gott. Gar nichts denken, gar nichts tun müssen. Meditieren, so sagen manche, sei das. Ja, ist es auch. Still sein können, ist das Allerwichtigste im Leben. Den Aus-Knopf finden. Jetzt das Buch mal hinlegen und einfach mal still sein. Ich weiß nicht, wann du das letzte Mal einem Vogel zugeschaut hast, wenn er einen Wurm sucht, oder wann du einer Blume zugeschaut hast, wie sie blüht, oder einer Spinne, wie sie ein Netz webt. Still sein – eines der größten Abenteuer im Leben.

Ein zweiter Punkt hängt wohl sogar mit dem ersten zusammen, denn aus der Stille heraus wird die Wahrheit geboren. Das zweite Wichtige im Leben ist die Wahrheit, oder ich sage mal Wahrhaftigkeit. In einer Schauspiel-/Instagram-/Facebook-/Twitter-/TikTok-und-sonstwie-Welt, in der die Menschen ständig eine Show von sich machen und sich so zeigen, wie sie denken, dass andere sie sehen sollen, frage ich mich immer mehr: Wissen diese Menschen eigentlich noch, wer sie wahrhaftig sind? Und wer traut sich noch, sich dem anderen wahrhaftig zu zeigen? Vor lauter Angst, verlassen zu werden oder dass die Freunde enttäuscht sind, die Eltern, der Lehrer oder man selbst von sich, ist diese Schauspielerei derart ausgefeilt worden, dass wir unbedingt diesen zweiten Wert brauchen: die Wahrhaftigkeit. Sich zu trauen, einmal am Tag zu sagen: „Nein, ich kann nicht." Hört sich leicht an, aber es ist so schwer auszusprechen. „Kann ich nicht" oder „Das ist mir jetzt zu viel, im Moment will ich mich damit nicht beschäftigen". Oder einfach zu sagen: „Nein, danke für die Anfrage, aber ich glaube nicht, dass ich mit Ihnen zurechtkomme." Mal ganz wahrhaftig sein. Das ist das Gefährlichste im Leben, das Schwierigste, weil alle sich drumherum drücken, und dann wird daraus eine endlose Wurst und man hat so viele offene Enden im Leben. Ein wahres Wort zur rechten Zeit ist schon wichtig. Wahrhaftig zu sein und nicht etwas Falsches leben zu wollen, scheint mir ein ganz wichtiger Punkt zu sein.

Das Dritte ist ein Freund oder eine Freundin – denn man braucht ja für die Wahrhaftigkeit auch einen Helfer. Und damit meine ich nicht Partner oder Partnerin. Einen Freund, eine Freundin. Ein Freund ist der Kenner meines Herzens, und wenn ich beim Freund bin, ihn nach drei Jahren besuche, dann ist es nach einer Minute schon so, als wären wir gar nicht auseinander gewesen. Ein Freund ist jemand, der meinem Herzen eine Zuflucht gibt, ohne dass ich da anklopfen muss. Ein Freund ist jemand, bei dem ich mich hinsetzen kann, und ich muss mich nicht erklären. Ein Freund ist jemand, der mich zu Worten hinführt, die ich sonst nie ausspreche. Ein Freund ist jemand, von dem ich nichts will und der auch nichts von mir will. Ich würde einen Freund nie um Geld anpumpen. Nie. Ich würde auch nicht zu ihm hingehen und sagen: „Ich brauche ein Bett, ich habe kein Obdach mehr." Ich würde als Obdachloser zu ihm kommen und dann wieder weggehen. Ein Freund ist jemand, der mir in allen Situationen meines Lebens sagt, dass ich ihm nicht zu viel bin. Und da hat man als Mensch eigentlich nur einen oder zwei Freunde. Vielleicht drei. Und die hat man sich auch nicht ausgesucht, die sind einem passiert. Man kann nicht sagen: „Ich will jetzt einen Freund haben!" Sondern der wird einem ins Leben gestellt. Und bitte nicht übersehen: Es gibt auch Leute, die lassen Freundschaften plötzlich auslaufen. Denn

Freundschaften werden nicht beendet, die schleifen sich aus. Die brauchen schon Pflege! Lege doch gleich mal eben das Buch hin und ruf einen Freund an, das wär' doch mal was!

Wir haben jetzt die Stille, die Wahrhaftigkeit und den Freund – das Vierte ist die Gemeinschaft. Ein Mensch braucht das Eingebundensein. Wir können ohne Eingebundensein nicht leben. Tritt zum Beispiel in einen Verein ein. Das ist in unserer Gesellschaft sehr unbeliebt geworden, denn wir sind ja Projektmenschen geworden. Ein Jahr machen wir mal da mit und ein Jahr da – aber in einen Verein eintreten ist so uncool wie nur was. Mitglied in einer Partei werden – das ist noch schrecklicher! Aber wie sollen wir sonst die Welt voranbringen, wenn wir sie nicht miteinander voranbringen? Wenn wir uns nur noch auf der Autobahn oder nur noch im Supermarkt treffen? Das ist ja keine Gemeinschaft. Das Viertwichtigste im Leben ist tatsächlich Gemeinschaft. Und die muss gepflegt werden, am besten möglichst lokal und möglichst real.

Da kann man ja mal mit der Hausgemeinschaft anfangen. Man kann in einem Haus mit acht Mietparteien leben, die einem alle gestohlen bleiben können. Kann man machen. Man kann sich aber auch jeden Samstagnachmittag um drei für zwei Stunden vor die Haustür setzen und ein Buch lesen und dann mal gucken, was passiert. Wer da alles ins Haus reingeht und wieder raus, da kann man Guten Tag sagen … Und wenn man das viermal hintereinander gemacht hat, dann kennt man den einen schon und erlebt: Der beißt ja gar nicht. Und wenn ich jetzt noch einen Tipp geben darf – man darf sich auch mal ein bisschen künstlich bedürftig machen und oben klingeln und sagen: „Oh, bei mir ist leider das Salz ausgegangen, könnte ich mal Salz von Ihnen haben?" Oder man kann mal runtergehen, ein Ei holen und sagen: „Sie können auch gerne von mir mal was holen." Langsam kommt man dann miteinander ins Gespräch, bis man gemeinsam mal im Frühjahr grillt und man auch dann vielleicht die Konflikte löst, die unweigerlich auftreten, weil die Musik zu laut und die Müllecke zu schmutzig ist. Dann kommt man in den Dialog. Ohne Gemeinschaft können wir nicht leben. Such dir einen Verein, eine Partei oder was auch immer. Engagiere dich für andere.

Und das Fünftwichtigste im Leben ist Sterben. Seneca sagt: „Ein Leben lang musst du Leben lernen und das wird dich vielleicht noch mehr wundern: Ein Leben lang musst du Sterben lernen." Abschied zu nehmen. Der Blick auf die eigene Festplatte genügt ja schon, um zu sehen, was sich da alles ansammelt. Wir tun uns schwer mit dem Löschen. Genauso ist das mit Schubladen, und genauso ist das mit Kellern und Dachböden: Es sammelt sich Zeug und sammelt sich Zeug – wir nehmen zu wenig Abschied. Sterben zu können und Abschied zu nehmen auch von Lebensphasen gehört mit zu den allerwichtigsten Sachen.

Ich sehe hier in der Großstadt manchmal diese Junggesellenabschiede. Dann sehe ich 35-jährige Frauen mit ihren Freundinnen durch die Straßen ziehen und denke: „Die haben sie nicht mehr alle!" Wie Leute kindisch einfach an dem Alten festhalten und einfach nicht zu dem stehen, was gerade geworden ist, und keinen Schritt nach vorne machen. Weil sie sich nicht vom Vergangenen lösen können. Ob das nun Eltern sind, die schon acht Jahre in einem viel zu großen Haus wohnen, wo die Kinder schon zehn Jahre ausgezogen sind, und die Eltern können sich nicht von diesem Haus lösen. Statt in eine Dreizimmerwohnung zu ziehen, lebt man immer noch im Haus mit Garten, man hat schon bald keine Kraft mehr, das ganze Haus zu putzen, man macht's aber trotzdem.

Sterben lernen heißt, dass ich maßvoll werde und auf diese Weise auch leichter leben kann. Viele Menschen sind deswegen auch im Denken so unbeweglich geworden, weil sie alles Mögliche mit sich herumschleppen an Erinnerungen und was alles wichtig gewesen ist. Sterben lernen heißt, dass ich bereit bin zu sagen: „Das war jetzt wichtig, aber ich möchte mich etwas Neuem zuwenden und will etwas Neues ausprobieren." Abschiede müssen gelebt werden. Auch aus der Gemeinschaft, von der ich gesprochen habe. Man muss nicht ewig in solchen Gemeinschaften sein, man darf auch da Abschiede leben und sagen: „Das war für mich eine wichtige Phase, lieber Kegelklub, aber jetzt gehe ich." Man darf auch etwas enden lassen, und das halte ich für eine sehr, sehr große Kunst. Sterben zu lernen, diese Ars moriendi, wie die Kirchenväter sagen, die Kunst des Sterbens heißt, dass ich bereit bin, loszulassen zur rechten Zeit und mich nicht für Gott halte, bei dem alles ewig ist.

Die Stille ist der Anfang des Staunens,
und die Stille macht demütig.
Darum gehört zu den allerwichtigsten Dingen
im Leben die Stille.

Flutkatastrophen, Waldbrände, Vulkanausbrüche, Erdbeben, ... Geht's noch, Gott? Oder ist das alles unsere eigene Schuld?

Offensichtlich sind die Katastrophen, die die Menschheit über Jahrhunderte und Jahrtausende erlebt hat, kein Grund gewesen, dass der Glaube an Gott aufgegeben wurde. Ganz im Gegenteil, der ist meistens noch geschärft worden. Weil Menschen in dem Abhängigsein von der Natur und dem Abhängigsein von der Zeit, in der man lebt, in den kleinen und großen Katastrophen des Lebens erkennen, dass sie selbst sie nicht gemacht haben. Das ist natürlich eine furchtbare Demütigung für uns Menschen, wenn wir merken: Wir sind nicht die Schöpfer der Welt. Wir haben sie nicht gemacht. Diese Erkenntnis in Demut, dass wir uns nicht in der Hand haben, führt Menschen dazu, dass sie sich dann einfach sagen: Wer hat uns denn diese Welt in die Hand gegeben? Daraus können dann Fragen und Klagen werden: Warum hast du sie uns so in die Hand gegeben? Warum fügt sie uns so viel Leid zu? Alles überfordert uns, und warum überforderst du uns? Das sind berechtigte Klage-Fragen, die oft genug gestellt worden sind und die auch immer wieder gestellt werden. Dahinter steckt nicht die Vorstellung, Gott könnte da oben auf seinen Knopf drücken und sagen: „Die Flut ist jetzt mal zu Ende" oder „Es gibt jetzt einfach keine Klimakatastrophe mehr, ich mach das jetzt alles ganz harmonisch", sondern hinter dem Klagen steckt eigentlich: „Mach du uns klug, mit dieser Welt gut umzugehen." Soll heißen: Beten will klüger machen, und Beten will den Egoismus vermeiden. Und dass wir uns in unserem Leben auf das Unverfügbare einstellen müssen, ist eine Lebensherausforderung.

Wenn ich mal an die kleinen Katastrophen erinnern darf, die so passiert sind: Ich habe mir nicht ausgesucht, wer mein Vater und meine Mutter sind. Ich nicht. Und ich habe mir auch nicht ausgesucht, in welchem Land ich geboren werde. Ich muss das Unverfügbare, das, was ich nicht verfügen kann, annehmen lernen und darin auch reifen lernen. Und darum sind auch die Katastrophen, die in dieser Welt da sind und die uns jetzt vor Augen sind, die uns alles nehmen, einfach nur schrecklich. Das darf man ja gar nicht kleinreden. Am Ende muss man aber sagen, dass die ganze Welt voller Katastrophen ist und dass offensichtlich das „Stirb-und-Werde" ein Grundgesetz in dieser Welt ist. Dass es uns so schrecklich vorkommt, liegt vielleicht daran, dass wir als Menschen so eine Art Gottes-Gen in uns haben, nach dem Motto: Eigentlich müssten wir aber doch ewig leben. Eigentlich müssten wir allmächtig sein, eigentlich müssten wir alles bewältigen können. Aber wir sehen ja, wohin eine Hybris des Menschen führt, der glaubt, er könne alles selber machen und er müsse alles selber machen. Der soll sich auch alles leisten.

Von daher ist die Klage über die Katastrophen, die wir in dieser Welt hatten und die wir haben, eine berechtigte Frage, aber am Ende gibt es darauf nur eine demütige Antwort, nämlich: „Gott, ich nehme all das zum Anlass, dass ich mich dir ganz neu anvertrauen will. Und dann wirst du mich einen Weg führen, den ich mir nicht ausgesucht habe, aber ich werde auch dann und dort einen Weg finden."

Die Frage „Wo ist eigentlich Gott, wenn mir etwas genommen wird?" ist berechtigt, ja. Ich bin Seelsorger, ich habe sie oft genug gehört. Und gleichzeitig versuche ich diese Frage immer umzubiegen. Sich nicht zu fokussieren auf diese Fragen: Warum ist das passiert? Bin ich schuldig gewesen? Woher kommt das? Kann ich vielleicht etwas entdecken? Nein, die Frage „Warum?" ist eigentlich die Frage „Wozu?", also woraufhin soll mich das öffnen, was jetzt da gerade passiert? Wofür soll ich aufgeschlossen werden? Und Leben heißt eben nicht, festzuhalten und zu sagen: Ich behalte alles, so wie es ist. Sondern Leben bedeutet eben vor allen Dingen auch loszulassen und dann einen neuen Schritt zu gehen.

Dass Gott zuständig gemacht wird für die Zustände, die wir haben, dass Gott zuständig gemacht wird dafür, dass alles so bleibt, wie es ist, ist ja auch eine merkwürdige Vorstellung. Denn wenn alles so bleiben würde, wie es ist, gäbe es überhaupt keine Entwicklung. Und dass Wandlung Schmerz bedeutet, kann eine Mutter bestätigen, die ein Kind zur Welt bringt. Dass Wandlung Schmerz bedeutet, können Eltern feststellen, wenn ihr Kind aus dem Haus auszieht. Dass Wandlung Schmerz bedeutet, das wissen alle Menschen, die ihre Arbeit verloren haben und neu anfangen müssen. Es gilt, das zu bejahen und zu lernen, dass es Wandlungen gibt. Oder wie der Beter sagt: „Ich nehme alles an aus Gottes Hand." In einem anderen Gebet heißt es: „Gott legt mir nie ein so schweres Kreuz auf, dass ich es nicht tragen könnte." Ein solches Grundvertrauen, ein solches Glaubensvertrauen gehört mit zum Grundbestand des spirituellen Lernens.

Wut zu haben, ist völlig normal: „Mensch, dass mir das jetzt passiert!" oder „Gott, warum lässt du das zu?" In diesem ersten Trennungsschmerz muss ich das sagen, und ich weiß, dass es sich irgendwann wandeln wird zu einem Akt der Hingabe.

„Ich nehme mich täglich an, Gott, aus deiner Hand, und wie es auch verfügt ist in meinem Leben – nennen wir es

Schicksal oder wie auch immer –, ich nehme es an und versuche, mit deiner Kraft daraus etwas Neues zu kreieren."

> Leben heißt eben nicht, festzuhalten und zu sagen:
> Ich behalte alles, so wie es ist.
> Sondern Leben bedeutet vor allen Dingen auch
> loszulassen und dann einen neuen Schritt zu gehen.

Was ist das Geheimnis eines erfüllten Lebens?

Wer Mensch wird, der hat es die ersten neun Monate echt gut! Der wird rundum versorgt und entwickelt sich und muss sich um gar nichts kümmern. Er wird durch die Gegend getragen, hört Geräusche und kommt so langsam ins Leben. Das nennt der Psychoanalytiker Sigmund Freud die intrauterine Einheit des Kindes mit der Mutter. Das Kind ist ganz eins mit der Mutter, und dann kommt der Trennungsvorgang während der Geburt. Da lernt das Kind, dass es eben nicht die Mutter ist, sondern ein eigenständiger Mensch. Und es muss langsam lernen, Schritt für Schritt, dass dieses rundum erfüllte Leben, diese Rundumversorgung, nicht Leben ist. Sondern Leben ist, dass ich aus dieser Rundumversorgung heraus in meine Aufgabe hineingeboren werde, in eine Welt, die mich auf gar keinen Fall so befriedigen wird wie meine Mutter es im Mutterschoß getan hat.

Alice Miller, die große Kinderpsychologin, hat darüber lange geforscht, wie der Individuationsprozess im menschlichen Leben geht, das heißt wie ein Kind merkt, dass es nicht die Mama ist. Das geht schon los, wenn es Hunger hat und die Brust nicht sofort kriegt. Warten … Hunger haben … nicht sofort den Wunsch erfüllt kriegen. Es gehört mit zu einer guten Erziehung, dass ich Schritt für Schritt einem Individuum, einem Wesen, einem Menschen klarmache: Die Welt ist nicht dazu da, dass sie dir zu Füßen liegt wie die Plazenta, an der du angedockt warst. Wenn ich das richtig beobachte, erlebe ich Menschen, die das Gefühl haben: Eigentlich ist die Welt dafür da, dass sie mir alle Wünsche erfüllt. Miller hat in ihren Untersuchungen festgestellt, woran das liegt, dass Menschen sich nicht wirklich von dieser tiefen Sehnsucht verabschieden können, dass ihnen immer alles zu Füßen liegen muss: Wenn es nämlich zu traumatischen Erfahrungen kommt, wenn also dieser Prozess der Abnabelung nicht Schritt für Schritt passiert, sondern wenn Kinder aus vertrauter Elternbeziehung herausgerissen werden, weil sie zum Beispiel wegen einer Krankheit in Krankenhäusern sein müssen. Dann werden sie zu schnell in das Unversorgtsein, zu schnell in diesen Zustand, dass die Wünsche nicht alle erfüllt werden, hineingerissen. So kommt mir das manchmal wirklich vor, wenn ich Menschen begegne, die eine unglaubliche Vorstellung davon haben, was ein erfülltes Leben ist.

Was ist denn ein erfülltes Leben? Ein erfülltes Leben kann meines Erachtens nicht daher kommen, dass ich alle Wünsche erfüllt bekomme. Sondern ein erfülltes Leben fängt da an, wo ich es schaffe, aus diesen Wünschen in die Hingabe zu kommen. Wenn es mir gelingt, aus diesem Ich-Bezug (Alles für mich!) auszusteigen und zu erfahren, dass, wenn ich der Welt oder den Menschen etwas gebe, wenn ich einen anderen Menschen glücklich mache, dieses Glück dann zu mir kommt. „Vom Geben ist noch keiner arm geworden", hat unsere Großmutter gesagt, weltkriegserfahren. In dieser Erkenntnis steckt eine ganz alte, tiefe Menschheitserfahrung: dass ich dann am erfülltesten lebe, wenn ich mich auspowere. Das kann man im Fitness-Studio ja sehen: Die Leute powern sich aus, die Jogger powern sich aus und merken, dass sie tolle Sachen machen können! Das hat letztlich mit unserer Grundstimmung zu tun: Wenn wir sinnvoll Kraft verströmen, werden wir stärker. Was heißt sinnvoll? Das Wort Sinn heißt ja, dass ich einen Weg gehe, wo ich ein Ziel vor Augen habe, das ich verfolge. Ein erfülltes Leben ist deswegen nach Aussage der alten Asketen dann zu finden, wenn ich mich um einer guten Entscheidung willen beschränke, für die ich alle Kraft einsetze.

Auf der Suche nach einem erfüllten Leben ist es deshalb wichtig, dass ich erst mal alle Träume, die ich habe, in den Schrank stelle – alles, was hätte sein können, hätte sein müssen in meinem Leben und mit vielen Ansprüchen an andere: an die Welt, an die Sonne, an den Kosmos, an den lieben Gott und sonst wie. Dann ist Zeit, mich zu fragen: Für wen oder für was will ich mich eigentlich einsetzen? Ich weiß aus vielen Gesprächen natürlich auch, dass man nicht einfach wie in einer Art Supermarkt auswählen kann, für dies und für das möchte ich mich einsetzen. Du hast ja selber schon genug Herausforderungen in deinem Leben, aber du kannst den Umgang mit ihnen bestimmen. Du wirst ein erfülltes Leben finden, wenn du in der Lage bist, in aller Freiheit dir als deine Aufgabe anzueignen, was sich dir in den Lebensweg stellt.

Ich begleite Eltern, die Kinder mit Behinderung ins Leben hineinführen, und für sie war das natürlich eine große Herausforderung, diese Aufgabe anzunehmen. Sie erzählen mir dann auch manchmal, dass es durchaus so unerleuchtete

Zeitgenossen gibt, die sich nicht entblöden, den Eltern zu sagen: „Das ist ja auch wirklich eine große Belastung, immer dieses Kind zu umsorgen." Die Eltern haben dann alle Hände voll zu tun, dem Gesprächspartner zu sagen: „Es ist schon nicht immer leicht, aber es ist eine für mich erfüllende Aufgabe, dem Leben so zu dienen, wie es mir geschenkt worden ist." Wow, was für ein Satz, oder? Dem Leben so zu dienen, wie es mir geschenkt worden ist.

Seien wir doch mal ehrlich: Haben wir uns die Sachen ausgesucht? Ja, ich habe auch eine Grundentscheidung getroffen, dass ich in einen Orden eintreten will. Aber was mir da alles passiert ist und was es da an Herausforderungen gibt, das habe ich mir weiß Gott nicht ausgesucht. Doch ich nehme es an, weil es mit dieser Grundentscheidung zusammenhängt. Und es kann ein erfüllendes Leben sein, wenn ein Partner / die Partnerin beim Unfall querschnittsgelähmt wurde. Sie jetzt die nächsten dreißig Jahre einfach zu umhegen, zu umsorgen und mit ihr auf dem Weg zu sein. Das kann ein erfülltes Leben werden, wenn der Partner diese Aufgabe wirklich in Freiheit angenommen hat, diesen Menschen ein Leben lang begleiten zu wollen. Das ist doch das, was uns immer wieder zum Staunen bringt: dass es Menschen gibt, die einfach bei ihrer Sache bleiben und sich weiter drum kümmern. Sie sagen nicht „Ich bin dann mal weg!" und denken sich, das Gras auf der anderen Seite des Zaunes sei grüner, da würde man schneller ein erfülltes Leben finden.

Ich kenne leider auch Menschen, die schon das dritte Studium angefangen haben und immer noch nicht fühlen, dass sie ein erfülltes Leben damit finden können und jetzt schon neunundzwanzig geworden sind. Da kann ich nur sagen: „Was du auch wählst, es ist sowieso das Verkehrte. Denn was glaubst du denn, was es alles für Dinge gibt, die du erleben musst?" Aber das ist eben überall so: Es gibt ja nicht irgendwo eine Insel, auf die ich hingehen kann und dort ist dann das Schlaraffenland, der Mama-Schoß, wo ich alles so bekomme, wie ich es gerne hätte. Nein, das Leben ist Konflikt und Auseinandersetzung, und es wird ein erfülltes Leben werden, wenn ich das als meine Aufgabe mit einer gewissen Portion Humor annehme.

Für mich bedeutet dieser Humor, den ich vom heiligen Franziskus lerne und den ich in meinem Leben verwirkliche, dass ich in meinem Glauben manchmal wie von einer höheren Warte aus mein Leben betrachte und denke: „Ja, es läuft jetzt so. Wenn es jetzt anders laufen würde, würde es halt anders laufen. Aber Herausforderungen bleiben überall. Und es ist doch zum Lachen, wie ich manchmal aus emotionalen Gründen, und weil sich auch manches an Ängsten aufbaut, aus einer Mücke einen Elefanten mache. Aber ein erfülltes Leben ist ein Leben voller Konflikte, voller Versöhnung, Streit, Hunger, Durst, schönen Abendessen, tollen Getränken … Die Fülle des Lebens ist doch eigentlich das erfüllte Leben. Und wer bin denn ich, dass ich darüber richten kann, was ein bisschen erfüllter ist und was ein bisschen weniger erfüllt?"

Also: Mach deine Aufgabe. Zum Abschluss möchte ich Michael Endes tollen Roman Momo zitieren: Denk an Momos Gespräch mit dem Straßenkehrer. Was macht der Straßenkehrer? Der macht einmal Strich … und Strich … und Strich … und streicht mit seinem Besen über die Straße und ist ein wunderbar erfüllter Mensch und hat alle Hände voll zu tun, damit die grauen Herren, die Zeitfresser, ihm das Leben nicht madig machen.

Ich wünsche dir, dass du in dem, wo du gerade bist, auch in dem Mangel, den du gerade erlebst, wo du gerade denkst:

Hach, ich habe eben kein erfülltes Leben!, den Vogel siehst, der vielleicht gerade vor deinem Fenster sitzt und singt. Dann denk dir: Der singt jetzt gerade nur für mich! Das könnte ja vielleicht der Anfang sein, dass du siehst: Die Fülle kannst du dir nicht machen. Sie wird dir geschenkt.

> Ein erfülltes Leben kann nicht daher kommen,
> dass ich alle Wünsche erfüllt bekomme.
> Sondern ein erfülltes Leben fängt da an,
> wo ich es schaffe,
> aus diesen Wünschen in die Hingabe zu kommen.

Was ist Glück?

Ich finde, wir müssen mal über das Glück reden. Es wird uns zum Beispiel „ein glückliches neues Jahr" gewünscht, wir machen Glückwünsche zum Geburtstag oder zu was auch immer – es wird ständig Glück gewünscht. Ich bin mir aber nicht so sicher, ob alle Menschen das Gleiche meinen, wenn sie das Wort „Glück" sagen.

Was ist eigentlich Glück? Meine Definition von Glück fängt damit an, dass ich sage: Glück ist das Unerwartete. Glück ist genau das, womit ich nicht gerechnet habe. Glücklich macht mich nicht, wenn ich das kriege, was ich mir gewünscht habe – das ist ja komisches Glück. Wenn ich das kriege, was ich mir gewünscht habe, dann kommt ja nichts Neues in mein Leben. Ich habe meine Wünsche, die sage ich auch und dann werden sie mir erfüllt. Na super. Glücklich macht mich das nicht.

Glücklich macht mich, wenn ich überrascht werde, wenn ich beglückt werde, zum Beispiel: „Boah, hätt' ich ja nie gedacht, dass ich das im Urlaub erlebe!" oder „Diese Musik spricht mich so an, unglaublich" oder „Dass du mit mir jetzt so lange Zeit verbracht hast, macht mich superglücklich!" und „Dass ich diesen Ort gefunden habe, mit dem ich überhaupt gar nicht gerechnet hatte, macht mich superglücklich!". Das ist das Glück, was ich Menschen wirklich wünsche. Und damit wünsche ich ihnen auch ein Überraschungsherz. Ich finde, es mangelt in unserer Welt an Überraschungsherzen. In einer Welt, in der alle möglichen Erwartungen an Menschen gerichtet werden und Erwartungen erfüllt werden müssen, fehlt es an einem Überraschungsherzen. Einem Herzen, das sich eben nicht überlegt: Was erwarte ich von dem anderen? Was erwarte ich vom Leben? Was erwarte ich von meiner Frau? Von den Kindern? Was erwarte ich hier und was erwarte ich da? Stattdessen frage ich mich: „Bin ich noch bereit, mich überraschen zu lassen von meiner Frau?" Oder sage ich mir: „Die hat schon wieder nicht gekocht, was ich mir gedacht habe!" Oder: „Die Jungs haben schon wieder nicht ihr Zimmer aufgeräumt, wie ich mir das vorgestellt habe!" Oder: „Das Auto ist immer noch nicht aus der Werkstatt so wiedergekommen, wie ich es mir gedacht habe." Eine Miesepeterigkeit ohne Ende stelle ich bei vielen Menschen fest. Sie sind nicht mehr bereit, als Glücksdetektive durch die Welt zu gehen und zu sagen: „Ich möchte gerne mal entdecken, wo ich gerade beglückt werde" – in der Straßenbahn, auf dem Bahnhof, beim Spazierengehen, durch die Sonne, durch den Frost, durch den Wind, durch den Regen … Ich lasse sehr viele Momente in meinem Leben insofern an mich heran, dass ich mich frage: Wie wollen die mich gerade beglücken? Glück ist so was wie die Erfahrung von Zusammengehörigkeit in einer Welt, die wir nicht in der Hand haben, so wie wir auch unser ganzes Leben nicht in der Hand haben. Und glücklich werde ich da, wo ich bereit bin, das zu bejahen. Wenn ich sagen kann: Die Welt kommt mir entgegen, und sie beschenkt mich. Sie beschenkt mich in einer Weise, dass ich wieder neu nachdenken kann über die Welt, über mich, über das Leben. Sie erneuert mich ständig.

Für mich ist einer der größten Glücksmomente, in eine Ausstellung zu gehen und mir dann eine Viertelstunde lang ein Bild anzugucken. Währenddessen überlege ich: „Wie berührt mich jetzt dieses Bild oder dieses Kunstwerk?" Oder ich sitze in einer Oper und denke mir: „Wahnsinn, wie da zusammengespielt und -gearbeitet wird! Das macht mich jetzt wirklich glücklich in einer Weise, wie ich es gar nicht erwartet hätte." Manchmal erlebe ich das auch im Gebet. Ich bete dann oder bin in der Stille, in der Meditation, und dann habe ich manchmal diesen Eindruck: Ich bin jetzt ganz in Gemeinschaft mit dem, der mich geschaffen hat und mit dem ich unterwegs bin. Das ist einfach toll, und das ist Glück.

Glück ist: Ich fühle mich zugehörig zu der Welt, in der ich bin. Und Glück heißt für mich: Ich kann die Welt wahrnehmen, wie sie mich beschenkt, wie sie mich herausfordert, wie sie in Kommunikation mit mir ist, wie sie mich zum Wachsen bringt.

Ein anderer Aspekt des Glücks, den ich auch wichtig finde, ist, dass ich durch die Welt gehe und der Welt etwas schenken kann. Mich macht es ja nicht nur glücklich, wenn ich etwas erhalte, etwas bekomme, etwas mitbekomme, sondern dass ich auch etwas geben kann. „Vom Schenken ist noch keiner arm geworden", hat meine Großmutter gesagt. Dahinter steckt die tiefe Erfahrung: Weil ich ein Empfänger bin, will ich gerne auch ein Geber, eine Geberin sein. Ich will auch etwas von mir loslassen. Es macht mich zum Beispiel glücklich, wenn ich mit Menschen im Gespräch bin und mir Menschen zuhören, die ich gar nicht kenne und die bereit sind, meine Meinung aufzunehmen. Oft haben diese Menschen eine Haltung wie: „Ich lasse mir jetzt einfach mal was sagen." Wenn ich mir für die Menschen Zeit nehme, macht es mich glücklich, weil ich in Kontakt mit ihnen bin. Und ich hoffe, die Menschen spüren, dass ich das tatsächlich mit Freude mache und mit Freude für sie da sein will.

Glück bedeutet für mich also nicht: „Das hab ich jetzt, und dann pack ich das ein, und dann lebe ich so weiter." Nein, das ist für mich wie eine Art Fluss, in dem ich gehe, stehe, bade. Ich schwimme da drin, ich gebe das Meinige, ich werde umspült von anderen. Wenn man mich fragt, könnte ich sagen: Ich bin tatsächlich ein glücklicher Mensch, weil ich aufgehört habe, mir zu überlegen, was mich glücklich machen könnte. Das wäre auch mein Rat an dich, wenn du glücklich werden willst. Glück kann man nicht anstreben. Du kannst nicht sagen: „Heute will ich mal überlegen, wie ich mich glücklich machen will." Das geht nicht. Ich will jetzt nicht gerade sagen: Bleib unglücklich! Aber ich wünsche dir eine Haltung, die sagt: „Ich packe das Leben jetzt an, wie es sich mir anbietet. Leider ist dies nichts geworden, leider ist das nichts geworden und hier ist auch etwas kaputt gegangen. Etwas funktioniert nicht. Aber ich kann über diese Dinge herrschen. Ich kann sie verwandeln, wenn ich sie als meinen Auftrag annehme, und ich kann jetzt und heute einen neuen Schritt anfangen." Das ist ein Vermögen, aus dem, was das Leben uns anbietet, etwas zu bauen, was uns weiterbringt. Auf einer Spruchkarte heißt es: „Die Steine, die uns in den

Weg gelegt werden, können wir zum Fundament machen, auf dem wir unser Leben aufbauen können."

Wenn du das so siehst, dann wirst du auch glücklich sein und Glück erfahren können. Noch einmal: Nimm bitte nicht die Haltung ein: Bin ich schon glücklich? So wird keiner glücklich! Glücklich wird, wer die Alltagsaufgaben, die ihm angeboten sind, die ihm aufgelastet sind, für die er herausgefordert ist, wenn er diese Aufgaben als Möglichkeit nimmt, zu wachsen an Kräften und an Ideen. Wenn er sie annimmt als eine Aufgabe der Liebe. Der Liebe nämlich zur Welt, der Liebe zu sich selber, der Liebe zu Gott – denn ich schreibe ja hier als gläubiger Mensch. Gebet ist für mich vor allen Dingen, dass ein Gott mit mir durchs Leben geht, der mir in allen Situationen meines Lebens einen Anlass gibt zur Auferstehung. Für mich ist das größte Glück, dass ich immer neu einen Grund habe, aufzustehen und die Situation zu beherrschen. Meine Ängste, meine Trauer, meine Freude, meine Möglichkeiten, meine Unmöglichkeiten – das alles gehört für mich zusammen und ich möchte alles zu dem weitertreiben, was der nächste Lebensschritt ist.

Ich weiß nicht, ob dich das jetzt gerade glücklich macht, wenn ich dir das so sage, aber dein Alltag, den du gerade lebst, das ist der Ort, an dem du glücklich werden kannst. Glaub mir!

Glück heißt für mich:
Ich kann die Welt wahrnehmen,
wie sie mich beschenkt,
wie sie mich herausfordert,
wie sie in Kommunikation mit mir ist,
wie sie mich zum Wachsen bringt.

Wie definierst du Erfolg?

„Erfolg ist keiner der Namen Gottes." So hat der jüdische Religionsphilosoph Martin Buber einmal gesagt. Und trotzdem sprechen heute alle Menschen davon, dass sie Erfolg haben wollen. Wenn ich dann nachfrage: „Was ist eigentlich ein Erfolg für dich?", dann gibt es die Gruppe von Menschen, die antwortet: „Wenn ich viel Geld verdiene, wenn ich mir was leisten kann, wenn ich mir keine finanziellen Sorgen machen muss – dann ist mein Leben erfolgreich." Eine zweite Gruppe von Menschen sagt: „Erfolg ist für mich eigentlich, wenn ich in einem Beruf gelandet bin, der mir richtig Spaß macht, in dem ich aufgehe, in dem ich Erfüllung finde, in dem ich mit Menschen zusammen bin und der Menschheit dienen kann – wenn ich das geschafft habe, ist das für mich ein Erfolg in meinem Leben."

Aber es gibt auch noch einen anderen Erfolg, von dem Leute reden: „Ich habe einen persönlichen Erfolg, weil ich die Partnerschaft gefunden habe, in der ich mich wohlfühle, in der ich mich hingeben kann, die sich auch so entwickelt, dass ich mitgehen kann. Außerdem habe ich Kinder. In meinem privaten Umfeld bin ich erfolgreich, denn es klappt gut im Gespräch mit meiner Frau, wir können Konflikte durchstehen, die Kinder kann ich gut begleiten, sie haben Vertrauen zu mir – das ist für mich Erfolg."

Und es gibt auch noch Menschen, die sagen: „Erfolg habe ich dann, wenn ich mit meinen Freunden zusammen bin, wenn Kameraden da sind, wenn Menschen da sind, auf die ich mich verlassen kann. Wenn mir das gelungen ist, ist das für mich auch schon Erfolg."

Es gibt bei dem Wort „Erfolg" sehr unterschiedliche Kategorien: die berufliche, finanzielle, private, familiäre Kategorie und das Freundesumfeld – überall da kann ich erfolgreich sein. Menschen fragen dann: „Und wie werde ich so erfolgreich? Wie schaffe ich das denn?" Hier erlebe ich, dass viele Menschen sich verrennen und sich dadurch einen großen Stress ins Leben holen. Menschen verbinden mit dem Wort „erfolgreich" meistens das Wort „Stress" und oft auch noch den Satz: „Ich muss mir etwas antrainieren, was ich eigentlich gar nicht so kann und habe, damit ich endlich erfolgreich bin." Oder sie meinen, noch zu einem Seminar gehen oder irgendwas lesen oder beten oder anhören zu müssen. Sie haben den Eindruck, sie müssten in ihrem Leben etwas machen, was sie eigentlich vielleicht nicht täten. Es gibt Menschen, die dadurch unter einem regelrechten Erfolgsstress leiden, weil sie Leib und Seele nicht mehr zusammenbringen. Die tun dann Sachen, die gar nicht mehr zu ihnen passen. Ich sehe Leute in einem viel zu engen Jogginganzug durch den Park joggen – eine Karikatur ihrer selbst. Oder ich sehe Menschen, die in irgendwelchen Ausstellungen und Museen stehen, weil sie gehört haben, man muss ins Museum gehen, um mitreden zu können. Da stehen sie dann vor einem Bild wie der Ochs vorm Berg. Oder sie begeben sich auf Wanderschaft in Wanderklamotten, die sie sich im Katalog ausgesucht haben, aber irgendwie merken sie: Das passt gar nicht zu ihnen. Das gibt's auch im Urlaub. Ich könnte mich totlachen, wenn Leute „ganz erfolgreich" Urlaub machen wollen und dann einen Urlaubstag nach dem anderen abarbeiten und dabei ein Gesicht machen, als wäre sieben Tage Regenwetter.

Erfolg ist etwas, was den Menschen dann anfängt zu stressen, wenn es zu einer Außenbestimmung wird. Wenn mir Ziele vorgegeben werden, von denen ich denke, dass ich sie erreichen muss: Ich muss jetzt im Urlaub so glücklich werden wie das in den Prospekten steht! Oder: Ich muss jetzt so viel auf der hohen Kante haben wie das die Lebensplaner vorsehen! Oder: Ich muss die Zensuren haben, von denen sich Menschen ausgedacht haben, dass man sie haben muss! Ich muss so dick, so dünn, so klein, so groß, so ich-weiß-nicht-was-alles sein, um einer Norm zu entsprechen. Der Tod aller Lebendigkeit ist ein Erfolg, den man haben will, weil einem andere Menschen das vor Augen gestellt haben.

Darum ist für mich Erfolg nicht das, was ich mir erarbeitet und wo ich mich angestrengt habe, wo ich mich sozusagen verbogen habe, sondern wo es mir gelungen ist, den Pfad des Lebens zu finden, auf dem ich mich entfalten kann – und das mit ganzer Hingabe. Erfolg hat für mich vor allen Dingen mit Hingabe zu tun. Mit der Bereitschaft, etwas mit ganzem Herzen, mit ganzer Kraft, mit ganzem Verstand zu tun. Vielleicht kommt dir das irgendwoher bekannt vor – es ist aus der Bibel. Gott lieben mit ganzem Herzen, mit ganzem Verstand. Und das hat für mich mit Erfolg zu tun. Erfolg bedeutet, mich mit ganzem Herzen, mit ganzer Seele und mit ganzem Verstand wirklich an eine Sache geben zu können, die dann zu einem Ergebnis führen kann. Klar, es ist auch schön, wenn man damit was verdienen kann, wenn man damit Freunde gewinnen kann, wenn die Familie zufrieden ist. Schön, wenn das alles auch geschieht. Aber letztlich ist der Maßstab, dass ich etwas mit Erfolg gemacht habe, dann doch nicht der Applaus der anderen, sondern die Übereinstimmung des Ergebnisses mit meiner Seele. Dann bin ich erfolgreich.

Ein bisschen spitz gesagt: Der wirklich erfolgreiche Mensch kann ganz gut auch einsam sein mit seinem Erfolg und sich still vergnügt hinsetzen und sagen: Ich hab's geschafft! Wenn andere das gut finden – super! Wenn andere mich auch noch dafür bezahlen – super! Wenn meine Freunde mit mir einverstanden sind – toll! Aber der wirkliche Erfolg ist doch der, dass ich etwas durchgestanden habe, weil ich gemerkt habe: Ich muss das jetzt einfach durchhalten. Nicht, weil ein anderer das sagt, sondern weil ich damit in Treue zu mir selber war, in Treue zu meinen Aufgaben, in Treue auch zu meinem Dienen-Wollen für andere.

Mir begegnen in der Seelsorge Menschen, die wirklich tolle Sachen getan haben! Ich erinnere mich, dass ich einmal als Seelsorger in eine Familie gerufen wurde, weil der Sohn mit einundfünfzig Jahren verstorben war. Die Eltern, jetzt achtzig und zweiundachtzig, hatten ihn achtundzwanzig Jahre lang bei seiner Multiplen-Sklerose-Krankheit begleitet. Im Haus und im Garten hatten sie alles für ihn umgebaut, von morgens bis abends alles für ihn getan, ihm Essen gereicht. Nachts hatte die Mutter immer in seinem Zimmer geschlafen, weil er oft Atemprobleme hatte. Und das die ganze Zeit. Die Mutter erzählte mir, dass sie einen Oberschenkelhalsbruch hatte und nach einer Woche nicht in die Reha ging, sondern nach Hause, um wieder bei ihrem Sohn zu sein. Und sie wirkte derart zufrieden dabei – auch als wir dann um den Leichnam dieses Menschen saßen, dass ich gemerkt habe: Das sind wirklich erfolgreiche Eltern. Die können den ganzen Tag sagen: Wir sind mit unserem Gewissen im Reinen, wir haben nie Urlaub gemacht, wir sind nirgendwohin gefahren, wir waren immer nur hier, und uns fehlt gar nichts!

Zusammenfassend würde ich sagen: Ein erfolgreicher Mensch ist im Grunde jemand, der mit sich im Reinen ist, der zufrieden ist und der sich in dieser Zufriedenheit sagen kann: Ich habe das Menschlichste getan, was Menschen tun können, nämlich in Verbundenheit mit anderen Menschen gelebt. In Verbundenheit mit der Schöpfung. In Verbundenheit – ich sag jetzt mal – mit Gott. Und wenn du nicht an Gott glauben kannst: in Verbundenheit mit dem, was uns alle umgibt. Und in dieser Verbundenheit habe ich mich ganz eingebracht. Ich fühle mich sozusagen als einer, der eingebunden ist in der Vielheit. Von daher ist für mich Erfolg nicht, dass ich mich rauskatapultiere in einer Art Hitparade im Sinne von: „Ich krieg jetzt den Nobelpreis für Nächstenliebe" oder „Ich krieg jetzt eine Auszeichnung, dass ich der absolute Hyper-Mönch bin" oder „Ich habe jetzt die allermeisten Follower". Schön, wenn es das auch alles gibt. Aber der schönste Erfolg ist doch der, dass ich mir sagen kann: Ich habe getan, was ich tun musste. Ich habe vollbracht, was mir aufgetragen ist. Ich habe einfach und schlicht meinen Dienst getan. Das ist vielleicht ein schweres Wort und schon gar nicht vereinbar mit dem Wort „Erfolg", aber eigentlich ist es genau das: Der erfolgreichste Mensch ist einer, der seinen Mitmenschen gedient hat und der in diesem Dienst an den anderen ein Einverständnis hat mit sich selber und den anderen – mit einem Wort: Der Erfolgreiche ist der zufriedene Mensch.

Ein erfolgreicher Mensch ist jemand,
der mit sich im Reinen ist,
der zufrieden ist und der sich
in dieser Zufriedenheit sagen kann:
Ich habe das Menschlichste getan,
was Menschen tun können,
nämlich in Verbundenheit mit anderen Menschen,
mit der Schöpfung, mit Gott gelebt.

Wird unser Leben vom Schicksal bestimmt?

Mein Leben – ja, das hat natürlich ein Schicksal. Was heißt Schicksal eigentlich? Da steckt das Wort „Geschick" drin. Das ist mir geschickt worden – das ist ein Passiv. Und das ist wohl die Erfahrung von jedem Menschen, dass wir uns nicht aussuchen können, wie wir leben. Ich habe mir nicht ausgesucht, Deutscher zu werden, ich habe mir nicht ausgesucht, 1,91 Meter groß zu werden, ich habe mir nicht ausgesucht, eine weiße Hautfarbe zu haben, ich habe mir das alles nicht ausgesucht. Ja, das ist Schicksal. Und insofern sind wir tatsächlich unserem Schicksal ausgeliefert.

„Ausgeliefert" ist auch schon wieder so ein Wort! Ich weiß, das tut irgendwie weh, aber ich bin schon dafür, dass wir die Wahrheit und die Wirklichkeit des Lebens anschauen: Ich bin meinem Leben ausgeliefert. Ich habe mir zum Beispiel nicht ausgesucht, welche Lehrer und welche Lehrerinnen ich habe, welches Buch mir empfohlen wurde. Ich habe mir auch nicht ausgesucht, welcher Kinofilm mich so angesprochen hat, dass er mir einen richtigen Impuls gegeben hat.

Es gibt drei, vier Situationen in meinem Leben, die echte Weichenstellungen waren. Wenn ich dran denke, dass ich als Siebzehnjähriger in der Landvolkshochschule in Freckenhorst sitze und ein Priester einer ganzen Gruppe von Jugendlichen – ich war auch dabei – erklärt, was die Taufe bedeutet, und in mir das wie eine Bombe einschlägt (in den anderen neunzehn ist es wohl nicht eingeschlagen) und ich dann spüre: „Wow! Taufe! Das ist ja toll! Das ist ja der Weg zur Freiheit!", dann ist das ein Schicksal gewesen, das war eine Schicksalsstunde. Und ich glaube, dass du in deinem Leben solche Schicksalsstunden auch kennst.

Bei der Frage nach dem Schicksal und ob wir davon auch bestimmt sind, schwingt natürlich auch immer eine negative Konnotation mit. Wir hören dieses Wort mit einer negativen Färbung: „Das ist aber ein schweres Schicksal" oder „Der hat aber ein schweres Schicksal". Ich habe noch nie gehört, dass jemand gesagt hat: „Der hat aber ein gutes Schicksal! Der hatte aber ein glückliches Schicksal!" Sondern Schicksal hören wir immer negativ, und darum ist es mir wichtig, dir jetzt im ersten Schritt bewusst zu machen, dass unser ganzes Leben ein Schicksal ist. Es ist uns alles geschickt, und wir haben uns nichts selber genommen. Was wir uns selber genommen haben, konnten wir uns nehmen, weil uns vorher etwas geschickt worden ist. Also: Niemand hat sich selber die Brust gegeben. Und niemand hat sich selber gestreichelt und im Arm getragen und niemand hat das gesamte Wissen dieser Welt angesammelt, sondern wir pflücken es als Früchte einer Menschheitsgeschichte. Es ist einfach unser Schicksal, Eingebundene zu sein. Wir sind alle Erben. Wir sind alle irgendwie eingebunden.

Jetzt kommen wir zum Nächsten: Es wird uns geschickt – ja, von wem wird es uns geschickt? Das steckt ja eigentlich hinter dieser Frage. Von wem wird uns das Schicksal geschickt? Da heißt meine erste Antwort ganz prosaisch: vom Leben selbst. Ich bin nicht dreimal von der Wickelkommode gefallen, andere sind es und beklagen sich ein Leben lang darüber, dass sie zu kurz gekommen sind und deswegen brauchen sie nicht … Mein Papa zum Beispiel hat nie dran gedacht, dass ich mal Klavier spielen lerne. Mein Schicksal ist also, dass ich kein Klavier spielen kann, und jedes Mal, wenn ich vor einem Piano stehe oder einer Orgel, dann denke ich mir: „Was für ein Mist, dass ich das nicht lernen konnte! Schrecklich! Diese schönen Toccaten und Fugen von Bach! Mein Schicksal ist ein grausames, dass ich das nie spielen kann ... furchtbar!"

Es gibt viele Menschen, die ein Detail so aufblasen, dass es alles andere zudeckt. Diese Schicksalsklägerinnen und -kläger, die über ihr Schicksal klagen, sind Menschen, die sich von der Werbeindustrie, von der Fit-und-Schön- und Lustig-Industrie die ganze Zeit erzählen lassen, Leben sei, den ganzen Tag fit zu sein, lustig zu sein, einen Body-Maß-Index von Y zu haben, ein Einkommen von X zu haben und auf 87,9 Quadratmetern im Grünen am See ohne Nachbarn zu leben, aber gut eingebunden zu sein in eine tolle Nachbarschaft. Ich weiß nicht, welche widersprüchlichen Sachen aufgeblasen werden, dass Leute so eine Art Schicksal empfinden, sie seien zu kurz gekommen. Nein, das Leben, wie es an uns herantritt, ist erst mal ein Geschick, das niemand sich ausgesucht hat.

Und dann kommt die Frage: „Ja, und der liebe Gott? Wo bleibt jetzt eigentlich der liebe Gott bei dem ganzen Schicksal?" Da habe ich etwas ganz Grundsätzliches, was es mir möglich macht, ein Leben ohne Orgelspielenkönnen zu führen: Ich sage mir, in der Welt ist echte Kreativität. Solch ein Buch wie dieses zum Beispiel fällt ja nicht vom Himmel. Da werden schlaue Fragen überlegt, ich schreibe etwas auf, es wird verarbeitet und lektoriert ... Das kennst du doch auch: Niemand kann alleine, was er kann. Es ist also eine ungeheure Kreativität in der Welt, und dann ist meine Grundüberzeugung, dass sich in dieser Kreativität Gottes Wille und Gottes Kraft zum Ausdruck bringen. Ich sage das ganz bewusst, und das soll sich jetzt gar nicht nur so triumphalistisch anhören. Ich bin ja auch Hospizhelfer, Sterbebegleiter, Seelsorger – auch in Situationen, in denen sich der Konflikt zuspitzt, der

Tod anklopft, die Krankheit tatsächlich über das Leben eines Menschen herfällt, auch da bin ich in einer Haltung, die sagt: Hier fügt sich etwas zusammen, das soll so sein. Auch wenn man das im Augenblick nicht erkennt.

Es ist ja auch merkwürdig, dass Menschen, wenn sie auf ihr Leben zurückschauen, eine Haltung entwickeln können, versöhnt zu sein mit dem, was gewesen ist. Ich erinnere mich an den Besuch bei zwei 89-Jährigen. Die Frau sagte: „Ich habe den Turm der Stephanskirche in Mainz zusammenfallen sehen als Neunjährige. Ich habe das gesehen, und das verfolgt mich." Und dann nahm sie das mit durch ihr Leben, fand einen Mann, mit dem sie gemeinsam durchs Leben ging, und ich habe gespürt, dass sie, obwohl das Grauen dieser Erinnerung immer noch da war, sie es angenommen hatte als ein Grauen, das in ihrem Leben einfach prägend sein darf. Sie sagte: „Bei uns wird keine Kartoffelschale weggeworfen. Wenn wir einkaufen, dann verbrauche ich mit meinem Mann alles zu Ende. Unser Bioeimer ist leer, weil ich aus diesen Nachkriegsjahren komme." Was für ein Schicksal, würde man da sagen, und doch sind diese Menschen, an die ich jetzt gerade denken muss, versöhnt mit dem, was in ihrem Leben gewesen ist, und haben daraus etwas gemacht.

Insofern würde ich auf die Frage nach diesem Schicksal und ob Gott es mir schickt, fast mit etwas Vorsicht sagen: Ja, wenn ich davon ausgehe, dass alles, was geschieht, sich so zusammenfügt, dass daraus wieder etwas Neues und Kreatives werden kann. Vielleicht schaust du mal selber in dein Leben hinein und denkst an die Zeiten, von denen du sagst: „Das war echt ein schweres Schicksal!" Die Mutter zu früh verstorben, ein Geschwisterteil durch einen Unfall getötet, Leukämie gekriegt ... Ich kann eine ganze Litanei runterbeten, und ich weiß nicht, was du für ein Schicksal hinter dir hast, aber schau einmal genau hin, was sich dann zusammenfügte und Neues werden konnte. Vielleicht ist es dann sogar auch möglich, zu sagen: Es wurde mir nicht nur blind geschickt, sondern es wurde mir geschickt, weil daraus etwas Wunderbares werden kann.

Ich habe gerade dieses Elternpaar vor Augen, das ein eingeschränktes, ein geistig behindertes Kind hat. Ja, was für ein Schicksalsschlag, sagen dann einige. Für diese Eltern war das immer ganz schrecklich, dass alle Leute sie anguckten und sagten: „Was für ein schreckliches Schicksal!" Sie spürten, was für eine Entwertung ihrem Kind gegenüber dahintersteckt. Und dabei konnten sie mir sagen: „Durch unser Kind erst sind wir das geworden, was wir sind, und wir würden es nie mehr missen wollen!" Ich verneige mich vor Menschen, die eine solche Haltung an den Tag legen, und versuche, auf meine Weise so auch meinem Schicksal, dem, was alles noch kommen wird, zu begegnen als eine Herausforderung, die mich zum guten, zum liebevolleren, zum vollkommeneren Menschen machen will.

Es ist uns alles geschickt,
und wir haben uns nichts selber genommen.
Was wir uns selber genommen haben,
konnten wir uns nehmen,
weil uns vorher etwas geschickt worden ist.

Was kann ich als Einzelner tun, damit sich die Welt zum Besseren entwickelt?

„Sei du selbst die Veränderung, die du von der Welt erwartest", so hat Mahatma Gandhi einmal gesagt, und das bleibt ein grundlegender Satz: dass ich eingeladen bin, in meinem Bereich und in dem, wofür ich Verantwortung trage, meine Entscheidungen zu treffen. Ich bin ja kein Staatspräsident und auch kein Politiker, dann kann man sich schnell die Frage stellen: „Ja, was nützt es denn? Wieso soll ich jetzt Plastik trennen und Biomüll trennen, wenn das sowieso alles wieder in eine Tonne kommt?" So höre ich dann. Oder: „Warum soll ich jetzt eigentlich gerecht sein, wenn alle ungerecht sind? Warum soll ich jetzt etwas aushalten, wenn alle anderen es nicht aushalten?" Diese Frage beschäftigt jeden Menschen, der einigermaßen ethisch verantwortlich handeln will. Wir brauchen die anderen, die uns ermutigen, besser zu leben.

Aber was ist eigentlich dieses bessere Leben? Was ist dieses gute Leben? Zusammengefasst besteht es darin, dass ich versuche und mich entscheide, nicht mehr auf dem Standpunkt der Selbstsucht zu stehen. Das ist eine Entscheidung. Das hat mit Gefühlen gar nichts zu tun, denn wenn man diese Entscheidung gefällt hat, dann wird man auf jeden Fall plötzlich anfangen, neu nachzudenken: Ist das, was ich gerade tue, eigentlich wirklich dienlich – dem Nächsten, der Schöpfung, meiner Zukunft, den Kindern? Und ich werde mich immer weniger fragen: Was habe ich davon?

Viele Menschen sagen ja: Die ganze Welt ist voller Egoisten, warum soll ich da kein Egoist sein? Und doch ist es ein lohnenswertes Unterfangen, dass ich mich auf den Standpunkt stelle, nicht selbstsüchtig sein zu wollen, dass ich diesen Standpunkt der Selbstsucht verlassen will, weil ich nur so dazu beitragen kann, dass das Netzwerk des Dialoges wächst und nicht ständig zerschnitten wird von dieser schrecklichen Selbstsucht, die Menschen einholen kann.

Wenn ich selber anfange, wie ein Heiliger zu leben in einer unheiligen Welt, beinhaltet das ja auch eine gewisse Arroganz, weil ich damit sage: „Ich bin der Heilige, die anderen sind unheilig." Dann wäre doch vielleicht der erste Schritt, um aus dieser Arroganz rauszukommen, dass ich mich mit anderen verbünde. Denn auch wenn du selber denkst, du seist der Einzige, der die Welt verbessern will, dann stimmt das ja eigentlich gar nicht. Es gibt vorbildliche Leute, die, egal, was passiert, einfach entschieden ihren Lebensstil leben. Davon gibt es viele Menschen, und Gott sei Dank gibt es durchaus auch Möglichkeiten, im Internet Gruppierungen zu finden, Menschen zu finden. Die Website *www.nebenan.de* zum Beispiel ist so ein Netzwerk, das ich sehr schätze, wo man sich richtig mit Klarnamen registrieren muss, mit Personalausweisdaten und allem. Da kann ich dann auch mal sagen: „Hallo Nachbarn, ich würde gerne etwas mehr dafür tun, dass bei uns nicht ständig so viel Dreck in der Nachbarschaft rumfliegt. Wer von euch ist noch daran interessiert?" Solche allgemeinen Fragen sind möglich bis hin zu der Frage: „Ich würde gerne mal darüber nachdenken, ob wir eine Fahrgemeinschaft bilden können, wenn wir einkaufen fahren, denn ich überlege, mein Auto abzuschaffen, und frage mich: Können wir mit fünf Leuten gemeinsam ein Auto haben? Wer hat Lust, mit mir darüber zu reden?"

Das Gute, das sich vernetzen will – und das Gute will sich vernetzen –, aussprechen und diesem Guten auch dienen wollen, darum geht es. Man wird dann auf jeden Fall

Freundinnen und Freunde finden für die gemeinsame Sache. Das hat nur einen ganz kleinen Haken: dass man die Leute persönlich vielleicht nicht immer so toll findet. Ich komme aus einem Orden, in dem auch Brüder sind, die sich alle etwas vorgenommen haben. Menschlich ist das immer neu eine Herausforderung. Für die gemeinsame Sache will man kämpfen, aber dann ist der eine eben so und der andere so … Ich muss die Unterschiedlichkeiten der Menschen einfach anschauen. Und auch sagen: Wir dürfen unterschiedlich sein, wenn wir diese gemeinsame Sache verwirklichen. Es braucht für diese Motivation zum Guten also das Miteinander mit anderen, die ähnlich sind, und es ist wichtig, dass ich das nicht abwerte. (Ich bin der Einzige, der etwas verändern will – der bin ich ja gar nicht! Ich gehöre zu den anderen, eine große Portion Demut ist schon vonnöten.)

Das Gute zu tun, demütig zu tun – Mahatma Gandhi habe ich am Anfang genannt, der ja sehr viel Kraft aufgrund seiner Demut entfaltet hat, weil er bei seinem Stiefel geblieben ist. Der hat einfach das gemacht, was er wollte. Die anderen Heiligen, die wir aus der Geschichte kennen – eben auch Franziskus von Assisi – haben das einfach gelebt, wozu sie sich entschieden haben, und haben dann Gefährten gefunden. Letztlich werden Vereine, Parteien, Organisationen ja von Leuchtturmmenschen gegründet, die sich gesagt haben: Diese Idee ist gut, die möchte ich verwirklichen – und dann hatten sie plötzlich Menschen an ihrer Seite, die sie nicht im Regen stehen lassen haben. Dann sind sie gar nicht mehr so allein. Die Vergemeinschaftung des Guten zu betreiben scheint mir eine große Hilfe zu sein, wenn man in diesem Gefühl versinkt: „Ja, bin ich denn eigentlich nur noch der einzige Prophet in diesem Land?" Nein, ist man bestimmt nicht. So toll bist du auch nicht, darf ich dir das mal so deutlich sagen? Es gibt noch andere tolle Leute.

Und das Zweite ist: Wie bleibe ich auf Kurs mit meiner Entscheidung für ein gutes Leben und dafür, die Welt zu verbessern? Da sagt jetzt der fromme Kapuziner und Priester: Das wird wohl nur durch Gebet gehen. Wenn du beim Gebet noch nicht angekommen bist, dann sind es letztlich Zonen des Schweigens und Zonen des Denkens, in denen du selber deinen eigenen Quellen nachgehst und dich daran freust, dass du so weltbezogen bist, dass du der Welt Gutes willst. Und wenn es denn auch alleine ist.

Die Einsamkeit gehört mit zu dem Guten. Es gibt keine Heiligen, die nicht einsam gewesen wären, und darum ist deine Entscheidung am Ende auch eine einsame Entscheidung, die Welt verbessern zu wollen, und du darfst dich nicht davon abhängig machen, ob du Gefährten findest. Ich bin sicher, du findest welche, das habe ich schon gesagt, aber mach dich nicht davon abhängig nach dem Motto: „Erst wenn zwanzig Leute das mit mir machen, dann mache ich das auch" oder: „Erst wenn das genügend Resonanz hat und ein Buch darüber geschrieben wird und ich auch noch ins Fernsehen komme, dann will ich das weitermachen." Das wäre ja schon wieder sehr, sehr selbstsüchtig. Darum brauchst du diese Seelenpflegemomente der Stille, der Ästhetik, der Kultur, in denen deine Seele befeuert wird aus der Beziehung heraus, die sie zu der Welt hat (das habe ich auch schon bei der Frage nach der Seelenverwandtschaft angesprochen), um das Gute und Richtige wählen zu wollen. Diese persönlichen Momente der Einkehr und der Meditation braucht jeder, der sich zu großen Taten der Veränderung aufmachen will.

Und ein Drittes vielleicht noch: Mach dir einen Plan. Und wenn du dir einen Plan machst für das eine, was du tun willst, dann musst du auch anderes lassen. Für mich ist oft das Schwierigste, die vielen guten Ideen, die ich habe, zu verabschieden, damit die eine Idee was wird. Dabei haben wir vielleicht alle so ein Gottes-Gen in uns: Ja, was wir alles machen könnten/wollten/sollten, ein konjunktivisches Träumen davon, was wir alles verbessern wollen, und dann haben wir davon geträumt und am Ende nichts gemacht. Wenn du alleine die Welt verbessern willst, brauchst du also auch einen Plan, was du anfangen willst, damit du nicht bei dir selber versinkst.

Frère Roger Schutz hat mal gesagt: „Lebe den Satz des Evangeliums, den du verstanden hast, das ist genug!" Manche sagen ja, das ganze Evangelium und alles Gute zu tun – das kann ja auch wirklich keiner! Also mach doch das, was du verstanden hast. Und ich sage dir deutlich: Mach bitte nur das eine. Zum Beispiel: Du sagst dir „Ich möchte gerne etwas Gutes tun". Du hast entdeckt, dass in deinem Haus im siebten Stock ein älterer Herr ganz alleine lebt. Er trägt sein Essen durch die Gegend und geht einkaufen. Du machst dir zum Programm, die nächsten drei Monate den Mann anzusprechen, zum Beispiel bei der Kehrwoche, wenn du bei seiner Haustür bist, mal zu klingeln und zu fragen, wie es ihm geht. Vielleicht kommt ihr dann in einen näheren Kontakt, und dann ist es deine gute Weltverbesserungstat, wenn du zweimal im Monat mit ihm Schach spielst, ihm zuhörst, ihn am Abend anrufst und Gute Nacht sagst. So lebst du eine Aufmerksamkeit bei diesem einen Menschen.

Wenn jeder Mensch eine gute Tat, die er sich vornimmt, kontinuierlich tut, dann ist die ganze Welt verbessert. Und wenn die anderen es nicht tun, aber du tust es, dann hast du einen Funken Hoffnung gesät, der in sich gut ist und der nicht dadurch besser wird, weil er Tausend andere Nachfolger hat. Nimm dich ruhig mal wichtig, gerade auch im Gutes-Tun. Die Welt wartet darauf, dass du endlich anfängst.

> Was ist dieses gute Leben?
> Es besteht darin, dass ich versuche
> und mich entscheide, nicht mehr auf dem
> Standpunkt der Selbstsucht zu stehen.

Hat das Leben mehr zu bieten? Warum habe ich immer das Gefühl, dass mir etwas fehlt?

Wer liebt, der kann nie sagen: „Es ist genug." Zur Liebe gehört die Unersättlichkeit, gehört dieser Überschuss Hoffnung. Zur Liebe gehört, dass sie immer schon weiterdenkt. Und darum gehört es mit zum Leben, dass in meinem Leben immer eine Ahnung ist, es könnte noch mehr sein, besser sein und größer sein. Für mich als gläubiger Mensch setzt hier der tiefe Sinn meines Glaubens an, weil mein Glaube an Gott meine Ungeduld zähmt. Denn Gott ist die Fülle, nicht mein Kloster. Gott ist die Fülle, nicht meine Brüder hier. Gott ist die Fülle, nicht die Kirche ist die Fülle, nicht die Welt, nicht Deutschland ... Kein Mensch muss mir Gott ersetzen. „Ich verzeihe dir, dass du mir mein Gott nicht sein kannst", sage ich zum Leben. „Ich verzeihe dir, dass du mir mein Gott nicht sein kannst", sage ich zu einem Menschen, den ich liebe. Und dadurch wird es eine realistische Beziehung. Diese gegenseitige Überforderung macht viele Menschen kaputt. Viele Ehen kranken daran, dass die Partner einander überfordern und sich vergötzen, dass Kinder von Eltern vergötzt werden, dass Jugendliche das Leben vergötzen und dass viel zu viel erwartet wird. Und dann kommt eine riesige Enttäuschung: Es ist ja doch alles sehr alltäglich, wenn man dann mal zusammengezogen ist. Es ist ja doch sehr alltäglich, wenn man dann endlich seinen Traumberuf erreicht hat. Es ist alles sehr alltäglich, wenn man dann endlich das Hobby auslebt, von dem man immer geträumt hat. Ja, da ist eben auch sehr viel Alltag dabei, und der könnte doch noch besser, schöner, anders sein. Ja, es könnte alles noch ein bisschen besser sein.

Diese Ahnung, dass alles noch ein bisschen besser sein könnte, wird dadurch gezähmt, dass man das Ganze auf Gott wirft und sagt: „Du, ich mach schon mal das Meine, ich mach das schon mal so, wie ich kann. Das könnte noch ein bisschen besser sein, aber ich lege es zunächst mal in deine Hand, so gut ich kann." Mir hat mal ein Arzt gesagt, früher seien die Menschen zu ihm gekommen und hätten gesagt: „Können Sie meinen Schmerz ein bisschen lindern?" Heute kommen die Leute und sagen: „Sie müssen mich gesund machen!" Diese Erwartung, dass ich dieses Mehr immer sofort kriegen muss, gehört zu einer konsumorientierten Welt, zu einer Welt, in der sozusagen Fülle konsumiert und gekauft werden kann, wo einem vorgegaukelt wird, in den super Film zu gehen, den super Urlaub zu machen, die super Wohnung zu kriegen. Und dann ist man in dieser Wohnung und merkt: „Die könnte aber doch da noch ein bisschen anders und hier noch ein bisschen anders sein." Auf diese super Erwartung folgt eine ständige Art von Unzufriedenheit, dass man immer noch nicht die Fülle erreicht hat. Jetzt hat man die super

Tapete an die Wand geklebt, jetzt hat sie doch nicht die ganz richtige Farbe – was ein Mist aber auch!

Es gehört zum Erwachsenwerden und zum Reifwerden, dass ich in der Lage bin, diese Sehnsucht nach dem Mehr, nach dem Vollkommenen, nach dem ganz Guten und dem ganz Schönen dadurch zu zähmen, dass ich diese Erwartung an Gott richte: Du bist der Vollkommene. Du bist die Schönheit. Der gläubige Mensch ist der bescheidene Mensch. Er sagt: „Wenn Gott die Fülle ist, dann bin ich auch mit dem Wenigen zufrieden, was ich habe. Wenn Gott die Fülle der Liebe ist, dann muss meine Liebe zu dir nicht so super-hyper-vollkommen sein. Dann kann ich das Meinige tun, und ich muss nicht ständig denken: Ich mach's noch nicht richtig und noch nicht richtig genug. Und auch du musst mir gegenüber nicht so vollkommen sein."

Ich bin davon überzeugt, dass wir diese Unzufriedenheit darüber, dass alles noch ein bisschen mehr, größer und schöner sein könnte, dann besiegen, wenn wir Frieden in einer erwachsenen und kreativen Beziehung zu Gott finden. Wenn ich weiß, dass er mir zuströmt, wenn ich es zulasse, dass er aus seiner Fülle mir mitteilt und ich wie eine Art Satellitenschüssel von ihm empfange, um davon dann ein bisschen weiterzugeben – das gibt mir zumindest eine sehr große Gelassenheit, mit den Dingen umzugehen, die immer ein bisschen unvollkommen sind und die noch nicht so sind, wie ich sie gerne hätte.

Wir können diese Unzufriedenheit darüber,
dass alles noch ein bisschen mehr,
größer und schöner sein könnte, dann besiegen, wenn
wir Frieden in einer erwachsenen
und kreativen Beziehung zu Gott finden.

II.

HERAUS-FORDERUNGEN DES LEBENS

ANNEHMEN
MEISTERN
BEGEGNEN

Wie gehe ich damit um,
dass nicht nur mein eigenes Leben begrenzt ist,
sondern auch meine Möglichkeiten?

Es ist schon toll, dass wir Menschen uns vorstellen können, was wir alles können sollten und … hätte, hätte, Fahrradkette! Toll! Das liegt daran, dass wir in uns so eine Art göttliches Gen haben. Die Bibel sagt dazu: „Wir sind nach Gottes Bild und Gleichnis geschaffen." Wir haben einen Allmächtigkeitsdefekt in uns. Weil wir von Gott stammen, können wir uns auch vorstellen, dass wir alles können. Superman lebt ja davon und alle Comic-Serien leben davon, etwas Übernatürliches und mehr zu können, als man eigentlich kann, und mehr Möglichkeiten zu haben, als man eigentlich hat. Das ist eine Vorstellung, die viele Menschen fasziniert, und vielleicht sind auch die Naturwissenschaften davon getrieben. Wenn man sich vorstellt, dass wir Milliarden ausgeben, um zum Mars zu fliegen, dann denke ich mir: Wenn man das Geld ausgeben würde, um gegen den Hunger in der Welt zu kämpfen, wäre das auch nicht schlecht. Es ist doch irgendwie Wahnsinn! Die Erde ist noch nicht genug, jetzt wollen wir auch noch auf dem Mond wohnen. Schrecklich. Oder auf dem Mars. Es muss immer größer, schöner, weiter sein. Wir sind mit nichts zufrieden. Wir Menschen sind so. Wir müssen uns damit zufriedengeben, dass wir ständig unzufrieden sind. Das gehört wohl mit zum Leben. „Unruhig ist unser Herz, bis es ruht in dir", ist ein Vers von Augustinus, den ich sehr liebe. Und diese Unruhe ist für viele Menschen auch einfach damit gegeben, dass sie noch nicht genug haben.

Steve Jobs hat auf seine Geräte hinten eine angebissene Frucht drauf machen lassen, einen angebissenen Apfel. Das hat er wohl gemacht, weil er aus einer fundamentalen christlichen Welt kommt. Der Apfel soll uns an etwas erinnern. Der Apfel erinnert uns an … Ja, an was wohl? Der Bibelfeste weiß das. Er erinnert uns natürlich an die ersten Seiten der Bibel. Da geht es um eine angebissene Frucht. Und auf diesen Geräten hat Steve Jobs eine angebissene Frucht wohl aufbringen lassen, weil er schon wusste, dass diese Geräte – und besonders die Smartphones – den Menschen an einer Stelle treffen, wo er besonders verwundbar ist. Denn wenn ich ein MacBook oder ein iPhone habe, dann bin ich schon fast wie Gott! Dann kann ich überall hinsurfen, kann alles schnell bewegen. Ich bestelle etwas, Roboter setzen sich in Bewegung und es kommt wie automatisch innerhalb von 24 Stunden an meine Haustür. Ich kann Musik jetzt und sofort kaufen. Kaufen, kaufen, kaufen. Musik die ich sofort hören will. Ich kann Filme sehen, die ich jetzt sehen will. Die ganze Welt liegt mir zu Füßen. Der ganze Konsumapparat ist ja darauf ausgelegt, dass wir uns wie Gott fühlen. Dass wir uns alles leisten können.

Wie lerne ich jetzt, zufrieden zu sein, wenn ich merke, dass ich doch nicht alle Möglichkeiten habe? Wie kann ich durch die Welt gehen? Mir hilft am meisten die Antwort der Spiritualität, die ich vom heiligen Franziskus von Assisi gelernt habe, mir hilft dessen franziskanische Armut, die ja so hochgepriesen wird: der Arme von Assisi, der Bettelmönch – das ist eigentlich keine franziskanische Armut, sondern es ist franziskanischer Reichtum. „Wer Gott kann erwählen, nichts wird solchem fehlen", sagte Teresa von Avila 300 Jahre nach Franziskus von Assisi. Nur Gott besteht, Dios solo basta. Denn alles, was wir uns an Möglichkeiten wünschen, ist ja meistens doch sehr, sehr vergänglich. Selbst die tollen Geräte von Steve Jobs haben alle Endlichkeitscharakter. Die werden alle irgendwann untergehen. Nur Gott besteht. Wenn ich diese fundamentale Erkenntnis habe, dass alles aus dem Reichtum Gottes kommt und dass das, was immer ich anfasse, mir etwas vom Reichtum Gottes sagt, dann ist mir eigentlich das Eine genug, und darin empfange ich alles.

Mal so ganz natürlich gesprochen: Man stelle sich vor, dass Eltern ihr Kind mit diesen Augen angucken: „Ja, wenn ich das Kind aber mit roten Haaren hätte und wenn es doch ein Mädchen wäre und wenn es aber doch ein bisschen sportlicher wäre und wenn es dies noch hätte und wenn es das noch könnte …" Wie würden wir das finden? Wir würden sofort sagen: Das ist lieblos! Dieses Kind ist doch einmalig! Das ist doch genug! Und so ähnlich ist es auch mit den vielen Möglichkeiten, denen ich sozusagen traurig hinterhergucke. Traurig winke ich dem, der ich sein könnte. Kann ja sein, dass das ein bisschen melancholisch ist. Aber wichtiger ist doch, den zu empfangen, den ich jetzt in der Hand habe, der ich bin. Genau das rate ich dir, wenn du ein bisschen traurig bist, weil du nicht die finanziellen Möglichkeiten hast, die du gerne hättest. Ich will das ja gar nicht in Abrede stellen: Geld beruhigt ja schon, wenn man's hat. Ich will gar nicht sagen, dass man das nicht braucht. Selbstverständlich braucht man das, aber das Wenige, das ich habe, enthält doch den Reichtum von allem. Ich erinnere mich, dass ich als Student, wenn ich an der Buchhandlung vorbeigegangen oder durch die Bibliothek bei uns gegangen bin, gesagt habe: „Ach du liebes bisschen! Das kann ich ja nie alles lesen!" Wenn ich aber dann das eine Buch wirklich lese, das an mich herankommt und das mich berühren darf und verwandeln darf, dann habe ich doch eigentlich genug gelesen, oder?

Insofern möchte ich dich einladen, dass du auf eine Zufriedenheitssuche gehst. Dass du dich bei dir im Zimmer umschaust, bei dir auf dem Smartphone umguckst oder sonst wo – egal, wo du Schätze liegen hast, Texte, Bücher, Bilder, Musik, einen Film – und dir klar machst: In diesem einen Film, in dem einen Buch war doch alles drin! Brauchst du mehr? Du brauchst doch gar nicht mehr.

Wir leben in einer Terror-Welt, die schreit: „Kauf mich! Kauf mich! Hab mich! Flieg hin! Musst du auch noch sehen! Wie, du warst noch nie am Nordpol? Was? Du hast noch nie einen Eisbären gesehen? Aber ich hab den schon gesehen …!" Diese ganzen Diskussionen machen mich ehrlich gesagt so was von müde, weil sie mir witzlos erscheinen. Was einen anderen begeistert hat, kann mich ja vielleicht auch mal neugierig machen, aber auf gar keinen Fall will ich mich durch das, was alles möglich ist, davon abbringen lassen, das, was mir möglich ist, wertzuschätzen. Schreib dir das bloß hinter die Ohren, und dann wirst du sehen, dass es dich zufriedener macht. Für ein zufriedenes Leben ist es notwendig, dass wir in der Beschränkung unserer Existenz die schrankenlose Gegenwart Gottes erkennen können. Das ist meine ganz tiefe Grundüberzeugung. Darum möchte ich gar nicht alles haben, sondern lieber erfüllt leben mit dem, der alles geschaffen hat.

Für ein zufriedenes Leben ist es notwendig, dass wir in der Beschränkung unserer Existenz die schrankenlose Gegenwart Gottes erkennen können.

Wie kann ich meine Angst besiegen?

Wer Angst im Leben hat, der merkt einfach, dass es eng wird mit seinen Gefühlen, mit seinem Denken. Er sitzt plötzlich wie in einer Art Hamsterrad und merkt, dass er nicht mehr rauskommt. Das Wort „Angst" hat mit Enge zu tun. Es wird einfach immer enger. Franz Kafka hat die Geschichte von einer Maus geschrieben, die flüchtet und dann plötzlich in der Ecke sitzt. Es wird immer enger, und dann sitzt sie plötzlich da und es gibt überhaupt keinen Ausweg mehr.

Ängste sind ganz normal, und darum sage ich allen Leuten, die Angst haben: „Wunderbar, dass du noch Angst hast und nicht so gefühllos bist, dass du keine Ängste mehr hast!" Denn Ängste warnen uns natürlich. Sie warnen uns, dass es in unserem Leben eine Gefahr gibt – dass es etwas gibt, was für uns gefährlich werden kann. Darum sage ich zunächst mal: Bitte besiege nicht die Angst, sondern nimm die Angst ernst.

Welche Ängste hast du wirklich? Nimm dir mal einen Zettel und schreib auf: Welche Angst hast du? Wovor hast du wirklich Angst? Hast du Angst vor deinem Arbeitgeber? Du magst mit deinem Chef nicht mehr sprechen? Hast du Angst vor deinem Lebenspartner / deiner Lebenspartnerin? Oder hast du auch Angst vor deinen Kindern? Du hast Angst, das richtige Wort zu finden, und wenn du das falsche sagst, dann kündigen sie dir den Kontakt? Ist alles schon vorgekommen, das hast du bestimmt auch schon gehört.

Und dann gibt es die ganz normale Angst: Ich gehe durch die Stadt, kommt da jetzt ein Motorradfahrer und will mich umnieten? Ist da jemand, der mich überfallen will? Oder: In der Nachbarschaft hat es einen Einbruch gegeben, und ich habe Angst, dass jetzt bei mir auch eingebrochen wird. Abends geht man dann durchs Haus und guckt, ob die Fenster geschlossen sind. Das ist alles erst einmal ganz normal. Darum sage ich dir ganz deutlich: Wenn du Angst hast, dann nimm diese Angst ernst und schreibe dir eine Liste, wovor du Angst hast.

Vielleicht nimmst du dir statt einer Liste auch einfach einen Packen Zettel und schreibst auf: „Ich habe Angst vor …" Schreibe eine halbe Stunde lang einfach alles auf. Im nächsten Schritt kannst du dann gewichten: Was macht mir eigentlich am meisten Angst? Das wird eine Art „Hitparade der Angst". Ja, ich weiß, wenn du wirklich ganz tiefe Ängste hast, dann hört sich das ein bisschen leicht an, aber ich nehme dich schon sehr ernst in deinen Ängsten. Gleichzeitig ist der Humor eine gute Möglichkeit, vor all diesen vielen Ängsten ein bisschen zurückzugehen. Darauf komme ich später noch mal zurück.

Jetzt hast du also deine Hitparade der Angst. Du siehst: „Aha, das ist das Größte, das ist das Kleinste." Man kann das auch mit Begriffen ausdrücken: Riesenangst, kleine Angst. Und dann schau dir an: Mit welchen Menschen hat diese Angst zu tun? Schreibe die Namen auf die Zettel. Zum einen Menschen aus der Gegenwart. Wir bleiben mal bei dem Beispiel: Du hast Angst, durch die Stadt zu gehen, weil da ein Besoffener kommen könnte, der dich mit seinem Auto oder seinem Motorrad umfährt. Dann schreibst du diese Person auf. Oder du hast Angst vor dem Einbrecher, dann schreibst du auf: Angst vor dem Einbrecher. Oder auch Angst vor einer Krankheit. Vielleicht sagst du: „Ich habe Angst, dass ich Krebs habe." Schreib das einfach auf. Alles, was gegenwärtig die Ursache dieser Ängste ist.

Schau dir diese Personen und Dinge an und schau dir an, wie vielfältig das Ganze ist. Wer richtig von Ängsten geplagt ist – und das steckt ja hinter dieser Frage „Wie gehe ich mit meiner Angst um?" –, der kann schon durch diese Ordnung, die er sich macht, merken: Aha, es gibt Ängste bei mir, die vor allen Dingen im Rahmen von Gesundheit oder im Rahmen vom Zusammenleben mit den Menschen vorkommen. Oder im Zusammenhang mit meiner Arbeit. Oder mit meiner Familie. Du könntest diese Ängste auch gruppieren. Dann siehst du: Aha, das sind ganz verschiedene Gruppen von Ängsten, die ich habe.

Jetzt kommt eine sehr knifflige Aufgabe: „Wie gehe ich mit meinen Ängsten um?" Du kannst jetzt vielleicht mit einer anderen Farbe auf diese Zettel schreiben: Wo habe ich die Angst zum ersten Mal gehabt? Wann habe ich zum ersten Mal gedacht, ich könnte Krebs kriegen? Oder wann dachte ich zum ersten Mal: In der Stadt ist es ja supergefährlich! Oder: Der will mich bestimmt verlassen! Oder: Der vertraut mir gar nicht! Schreib auf, wann du zum ersten Mal diese Angst hattest. Dann wirst du sehen, dass es für jede Angst einen „Paten" aus deiner Geschichte gibt. In dem Film Der Pate ist das ja auch so ein angsterregender Typ. Wer ist ein Pate aus deiner Geschichte, wer ist ein Pate deiner Angst?

Wenn du das geschafft hast – das klappt wahrscheinlich nicht für jeden Zettel –, dann könntest du dir einen Zeitstrahl machen. Du guckst dir diese Paten an und trägst sie auf diesem Zeitstrahl ein: Als du fünf Jahre warst, neun Jahre, elf Jahre ... Dann siehst du, dass es in deiner Vergangenheit eine Geschichte gibt von Situationen, in denen man dir Angst gemacht hat und in denen du wirklich Angst gehabt hast. Verbunden mit dieser Angst – und auf diese Spur will ich dich eigentlich bringen – hattest du das Gefühl: „Ich alleine habe diese Angst, und es hilft mir gar keiner. Ich bin der Einzige, der diese Angst hat, und niemand wird mich verstehen!" Dann kommst du zu einem sehr traurigen oder berührenden Moment, in dem du merkst, dass es tatsächlich – so geliebt du auch bist von Eltern, Großeltern, Onkel, Lehrern – einfach Momente gibt, in denen selbst diese geliebten Menschen für dich ganz weit weg waren und du dich nicht getraut hast, mit ihnen deine Angst zu teilen. Sie haben diese Angst auch nicht erkannt, worüber du sehr enttäuscht warst. (Warum sehen die das eigentlich nicht? Warum merken die das nicht?) Dann hast du zum ersten Mal dieses Gefühl von tiefer Einsamkeit erfahren. Angst hat zu tun mit Einsamkeit: Ich bin der Einzige, der diese Angst hat. Niemand versteht mich, und darum kann mich auch niemand retten.

Wenn es dir gelungen ist, dir diesen Zeitstrahl anzuschauen, dann bitte ich dich, mal einen Moment aufzuwachen und in deine Jetzt-Zeit zu schauen: Hast du vielleicht eine Freundin, einen guten Bekannten, einen Arzt? Wenn du keinen solchen Menschen hast, dann rate ich dir – Achtung, dieser Ratschlag erschreckt dann viele Leute, aber ich sag's dir trotzdem –: Melde dich in einer Beratungsstelle der Caritas, Diakonie oder anderer Vereine an. Sie haben psychologische Beratungsstellen, bei denen du dich kostenfrei anmelden kannst. Geh mit deinem Zeitstrahl und deinen Zetteln dorthin und rede mal mit jemandem darüber. Erzähle einfach, was dir alles dazu einfällt. Das wird wahrscheinlich eine sehr tränenreiche Stunde sein, weil dir jemand einfach zuhört, der aus beruflicher Profession – ja, der wird auch dafür bezahlt, aber gleichzeitig sind das sehr einfühlsame Menschen – mit dir gemeinsam diese Geschichte der Einsamkeit und der Angst teilt. Hab keine Angst davor, dass du dann in Gefühlen zerfließen könntest. Nein, du wirst aufgefangen werden, weil jemand dich anschaut, dich versteht, dich nicht verurteilt und schon gar nicht zu dir sagt: „Davor musst du aber doch keine Angst haben!" oder „Du bist ja auch selber schuld, dass du da Angst hast!" Es gibt viele Gründe, warum Menschen nicht über ihre Ängste reden; manchmal haben sie auch wieder neu Angst, dass sie verurteilt werden.

Wenn du diese Schritte geschafft hast, dann kann etwas passieren, was sich in der Psychologie Selbstdistanzierung nennt. Du könntest dir diese Zettel und den Zeitstrahl eine Zeit lang an die Wohnzimmerwand oder ins Schlafzimmer hängen. Dann sind die Ängste nämlich aus dir raus. Dann kannst du sie angucken und dir überlegen: Mit wem will ich jetzt mal mehr ins Gespräch kommen? Ich nenne ein Beispiel: Deine Großmutter hat dir schon sehr viel Angst gemacht, als sie dir damals, als du sechs Jahre alt warst, sagte: „Wenn du nicht das Licht ausmachst, dann kommt der Teufel, und der wird dich holen!" Es kann sein, dass dich das als Kind sehr beeindruckt hat. Und dann musst du vielleicht mal zum Grab deiner Großmutter fahren und sagen: „Meine liebe Großmama, das schleppe ich jetzt schon so lange mit mir rum, ich bringe dir mein Angstblatt und werde es an deinem Grab begraben und dort lassen – weil ich weiß, dass der Teufel nicht kommt, und ich weiß, dass du große Sorgen hattest, dass ich kein ordentliches Leben anfangen werde. Ich versuche dir einfach mal zu … ja, verzeihen ist schwer … Wenn einer keine Schuld bekennt, kann man ihm auch schlecht verzeihen. Aber ich versuche, damit zu leben, dass du es vielleicht ja nur gut gemeint hast."

Zum Schluss sage ich dir: All das sind Ratschläge für dich, wenn du diese Angst als tiefe Lebensphase erlebst. Wenn du jedoch dauerhaft Angst hast und du merkst, dass du selbst diese Zettel nicht schreiben kannst, weil du Angst davor hast und du dieses Hamsterrad nicht verlassen kannst, dann wirst du ärztliche Hilfe annehmen müssen. Es gibt neurotische Ängste, es gibt Ängste, die einfach krankhaft sind, und dafür gibt es die Medizin. Scheue dich nicht davor, mit deinem Hausarzt darüber zu sprechen, dass du vielleicht psychiatrische Hilfe brauchst. Ich möchte dir ausdrücklich Mut machen, mit anderen ins Gespräch zu kommen. Denn es gibt Menschen, die als Berater für dich und deine Ängste bereitstehen.

Ängste sind ganz normal,
denn Ängste warnen uns,
dass es in unserem Leben eine Gefahr gibt –
dass es etwas gibt,
was für uns gefährlich werden kann.

Ich traue mir vieles nicht zu. Wie kann ich mich selbst motivieren?

Wenn so gar nix mehr geht, wenn der Saft sozusagen raus ist, und wenn man nicht mehr weiß, wie man weiterleben soll, dann ist ja die große Frage: Wie werfe ich meine Lebensmaschine wieder an? Wie komme ich wieder ein Stück raus aus diesem komischen Hamsterrad von Ich-kann-es-nicht-will's-auch-gar-nicht-und-ich-weiß-auch-gar-nicht-wie-ich-das-können-soll? Wie kann ich mich selber motivieren? Wie kann ich Münchhausen werden, der sich selber aus dem Sumpf zieht?

Da ist die Antwort erst mal: Das geht gar nicht. Wir müssen uns einfach davon verabschieden, dass wir mit irgendwelchen Tricks uns selber aus dem Sumpf ziehen können. Meine Erfahrung ist: Die Anstrengung, dass ich doch jetzt wieder motivierter sein soll, interessiert mich nicht, und das bringt mich auch nicht weiter. Was bringt mich aber weiter? Was bringt mich weiter, wenn ich das Buch zu Ende schreiben muss? Ich muss wieder Konzepte schreiben für das, wofür ich verantwortlich bin, und ich bin erst auf Seite zwei, und ich muss noch fünf schreiben. Wie soll ich das schaffen? Wie kann ich mich da neu aufdrehen? Da hilft mir selber – und das schlage ich auch dir vor –, dass ich noch einmal in den Blick nehme, wofür ich eigentlich da sein will. Was will ich eigentlich? Denn die Selbstmotivation sinkt umso mehr, je mehr ich das Ganze aus dem Blick verliere.

Ich habe ja noch nie einen Teppich gewebt, aber das ist ein schönes bildliches Beispiel. Man muss sich das so vorstellen, als würde jemand anfangen, einen Teppich zu weben, und wenn man die siebte oder dreißigste Reihe gewebt hat und man noch 6000 vor sich hat, dann kann ja kein Mensch sehen: Was wird aus diesem Muster werden? Da muss man echt schon sehr viel Vorstellungskraft haben, um den Plan zu entdecken, was einmal daraus werden soll. Dann denke ich vielleicht an den Auftraggeber, für den ich das machen will. Und vielleicht hilft mir die Vorstellung, wen das alles erfreuen wird. Denn so ähnlich komme ich mir selber auch vor, wenn ich mich motivieren will: Ich muss einfach mal einen Schritt von meiner Aufgabe zurücktreten, wenn ich grad so drinstecke und vielleicht fast darin ersaufe. Nicht noch mehr machen und noch mehr schreiben, sondern erst mal einen Schritt zurücktreten. Dann kann ich das Ganze in den Blick meines Lebens nehmen, und dann sehe ich: Ach ja, das ist auch nur ein Teil, in dem ich feststecke, und da gibt's noch andere Teile. Wenn ich das Ganze mehr in den Blick nehme, den Zusammenhang wahrnehme, ist das für mich ein hilfreicher Punkt, wie ich mich wieder neu motiviert sehe, das anzufangen oder fortzuführen, was mir gerade Schwierigkeiten gemacht hat.

Und als Zweites stelle ich mir vor: Wie werde ich mit dem, was ich zu tun habe und worauf ich gerade gar keinen Bock habe, Menschen glücklich machen? Wie werde ich Menschen damit erreichen? Dabei hat mir immer schon das Evangelium vom Sämann geholfen, das Jesus erzählt: Ein Mann ging aufs Feld, um zu säen, und dann fiel der eine Samen dahin, der andere fiel dorthin und dahin. Nur ein ganz kleines bisschen fiel auf einen fruchtbaren Boden. Für mich ist das Stärkste an diesem Evangelium nicht, dass der Sämann sät und den fruchtbaren Boden findet. Sondern das Stärkste an dieser Erzählung ist eigentlich der Sämann selbst. Denn das ist ja eine Erfahrung, die die Menschen in allen Kulturen gemacht haben: Da kann ruhig drei Jahre Missernte sein – im vierten geht der Sämann immer noch aufs Feld, sofern er noch Saat hat. Er wird immer wieder neu anfangen. Und noch mal anfangen. Denn es ist die starke Motivation da, darauf zu vertrauen, dass es ein Wachstum geben wird. Es wird ein Wachstum geben. Und auch, wenn ich nicht überall glücklich säen kann – es wird eine Stelle geben, an der eine Saat glücklich aufgehen wird. Punkt.

Wenn ich jetzt zum Beispiel keine Lust hätte, an diesem Buch zu arbeiten, und mich fragen würde: Für wen mache ich das überhaupt? Das mache ich natürlich – ja, für wen? – na, für dich! Für dich, weil ich denke, dass ich vielleicht einen

Menschen erreichen werde, der sich im Moment einfach fragt: Wie kann ich in meinem Leben fröhlich einen Schritt machen? Vielleicht einen neuen Schritt machen … einen Schritt anders machen? Wie kann ich mich selber motivieren? Und wenn ich den einen erreiche, dann habe ich die ganze Welt erreicht. Denn wenn ich jetzt diesen einen – also dich zum Beispiel – mit meinem Text erreiche, mit meinen Formulierungen, mit meiner Herzensgegenwart, und du erreichst dann morgen zwei andere, und die erreichen dann jeweils auch wieder zwei andere, dann bist du die Pforte, durch die ich zur ganzen Welt komme. Ich stelle mir immer wieder vor, dass ich versuche, das Kleine zu bewirken. Auch wenn ich eigentlich Think big verinnerlicht habe. Deshalb mache ich so viele verschiedene Sachen, habe ich so vieles in mir drin. Aber im Tiefsten glaube ich, dass wenn ich das Eine und das Kleine mit ganzer Hingabe mache – und zwar um seiner selbst willen –, dann habe ich auch die Kraft dafür. Die größte Kraft und Motivation nimmt mir die Angst davor, dass ich vielleicht keinen Erfolg haben könnte. Also davor, dass ich mich hinsetze und sage: „Bis das, was ich mache, erfolgreich sein wird, wird es ja wahnsinnig lange dauern. Das wird unglaublich viel Zeit und Anstrengung kosten – dann fang ich lieber erst gar nicht an." So wird daraus niemals ein Schuh! Wichtig ist deshalb, dass ich mich frage: Wozu habe ich jetzt Lust? Was ist die Kraft, die ich habe? Für wen will ich es tun? Wem will ich damit dienen? Was möchte ich damit bewirken? Und je konkreter und kleinteiliger ich mir das vorstelle – also je intensiver ich mir vorstelle: Du bist es jetzt, der diese Zeilen liest, für dich will ich es machen –, umso mehr bin ich motiviert, dann auch wirklich zu sagen: Ich will es! Ich tue es! Und am Ende kann ich es dann auch.

Selbstmotivation ist für mich vor allen Dingen nicht so sehr, dass ich in mich hineinsteige und nur irgendwelche Gründe suche, sondern ich wage vielmehr den Blick nach außen und sage: Für wen will ich das eigentlich machen? Für was will ich es machen? Was möchte ich damit bewirken? Und dann ist für mich auch die Kraft wieder da. Dann reiße ich mich zusammen und kann den nächsten Schritt tun. Denn eins ist ja ganz klar: Wie auch immer wir uns in unserem Leben verhalten, es kann ja nicht jeder Moment voller Lust sein. Es kann nicht jeder Moment voller Erfüllung sein. Es gibt eben auch sehr viel Alltagsarbeit zu tun – wenn ich zum Beispiel an eine Mutter denke, die ihr Kind abgöttisch liebt. Das ist ja toll, dass sie es liebt, dieses Gefühl ist toll. Aber da ist auch seeehr viel Alltag dabei, und die Mutter muss sehr viele Dinge machen, die sie vielleicht nicht gerne macht. Sie tut sie trotzdem, weil sie sich sagt: „Ich weiß, wofür es ist!" Deshalb ist die Frage nach der Selbstmotivation letztlich die Frage: Weiß ich, wofür es ist? Kenne ich den Sinn meines Handelns? Und wenn ich den kenne, dann wird daraus auch ein Weg, den ich beschreite, um Schritt für Schritt wieder zu der Kraft zu kommen, die ich gerade im Moment verloren habe.

Vielleicht hilft auch ein klärendes Gespräch. Manchmal ist es so, dass wir mit unserem Gegenüber, mit dem Geschäftspartner, mit dem Lebenspartner, mit wem auch immer ein Gespräch führen müssen: „Wofür machen wir das eigentlich? Und wieso machen wir das eigentlich so? Und müssen wir das vielleicht nicht auch anders machen?" Es kann auch sein, dass wir manchmal deshalb keine Motivation haben, weil wir uns nicht trauen, Dinge in unserem Leben dahingehend zu verändern, dass wir uns wieder mehr auf den Sinn konzentrieren und so auch wieder mehr mit den Kräften arbeiten können, die wir wirklich haben. Manche Menschen strengen sich ständig an, etwas zu tun, was gar nicht ihres ist, und das motiviert ja überhaupt nicht.

Von daher also: Schau mal bitte kritisch auf das, was du eigentlich machen willst. Ist das überhaupt noch das, was du gerade machen willst? Kennst du die Motivation? Den Sinn? Kennst du den Sinn von dem, was du machst? Und wenn du den wieder neu in den Blick nimmst, dann – bitteschön – wirst du wieder Kraft haben. Oder du musst es verändern – dann verändere bitte. Habe den Mut, dich zu verändern! Habe den Mut, auch anderen zuzumuten, dass du ihnen sagen musst: „Im Moment kann ich mich dafür nicht mehr engagieren, ich engagiere mich jetzt erst mal für anderes." Niemand muss ein Leben lang immer diesen alten Stiefel weitermachen, den er mal angefangen hat. Wir dürfen verändern, und wir dürfen verwandeln. Und Wandlung motiviert mich immer noch am meisten.

Wenn ich das Ganze mehr in den Blick nehme,
den Zusammenhang wahrnehme,
ist das für mich ein hilfreicher Punkt,
wie ich mich wieder neu motiviert sehe,
das anzufangen oder fortzuführen,
was mir gerade Schwierigkeiten gemacht hat.

Ich glaube, ich halte das alles nicht mehr aus, mein Leben hat keinen Sinn mehr. Was soll ich tun?

Wenn du denkst, dass du es nicht mehr aushältst, dass dein Leben für dich keinen Sinn mehr macht, dann möchte ich dir anbieten, dass ich mich zu dir setze und mit dir einfach mal einen Moment still bin und mit dir betraure, dass du den Zugang verloren hast zu dem, was Sonne ist, was Atmen ist, was klares Wasser ist, was der Gesang der Natur ist … dass du einfach in einem tiefen Loch bist. Und das ist schwer auszuhalten. Bevor ich jetzt hier weiterrede, sage ich dir auch deutlich: Ich bin kein Arzt, ich bin kein Psychiater, und Depressionen sind eine hirnorganische Erkrankung, die medizinische Unterstützung braucht. Das ist unbedingt notwendig, damit das Gespräch und das Denken, das Fühlen, das du wieder in Gang setzen willst, auch in Gang gesetzt werden kann. Das ist so, als würdest du sagen: „Mein Auto springt nicht mehr an" – und ich fange an, mit dir zu überlegen: Wie können wir deine Seele dazu bringen, dass das Auto wieder anspringt? Das funktioniert nicht. Als Priester und Seelsorger habe ich gelernt: Schuster, bleib bei deinem Leisten! Von daher also bitte: Wenn du merkst, dass du schon wochenlang solche Gedanken hast und dass es immer wieder so ist, dann trau dich, mit einem Psychiater zu sprechen. Ich weiß, dass du dafür eine Schamgrenze überschreiten musst, weil dein Freundeskreis dich vielleicht in eine Schublade steckt. Ich nehme aber deinen Gedanken „Ich halte es nicht mehr aus, mein Leben hat keinen Sinn mehr" sehr ernst, deshalb raff dich auf, sprich mit deinem Hausarzt und auch mit einem Psychiater, wenn solche Gedanken öfter in deinem Leben vorkommen und du auch merkst, dass du aus diesem Denken gar nicht mehr rauskommst.

Gleichwohl gibt es diese Phasen in jedem menschlichen Leben. Depression, Sinnlosigkeit, im Loch sitzen, nicht mehr wissen, wie es weitergeht, gehört einfach zum menschlichen Leben. Du bist keine Ausnahmeerscheinung. Schau mal um dich herum, wie viele Leute so tun, als seien sie fröhlich und gut organisiert, als würden sie ihr Leben im Griff haben, toll und lustig sein und abfeiern. Denk immer dran: Das ist die Außenseite, und du beschäftigst dich gerade mit deiner Innenseite. So mancher, der da draußen gerade noch so ganz lustig getan hat, sitzt zu Hause rum und denkt sich: „Gott sei Dank habe ich diesen Tag wieder hinter mich gebracht!" Er hat vielleicht superviel Energie aufgewendet, um es sich schönzureden und auch schön auszusehen.

Das wäre ein erster Punkt, den ich mit dir gerne, wenn ich mich in Gedanken jetzt neben dich setze, anschaue: Gibt es eigentlich Menschen in deiner Umgebung, bei denen du dich traust, dich so zu zeigen, wie du gerade bist? Wen gibt's da eigentlich? Hast du einen Freund? Eine Freundin? Deine Eltern? Eine Patentante? Vielleicht auch einen Seelsorger, den du kennst? Gibt es Menschen, mit denen du deine Situation so teilen kannst, dass du weißt, die sagen nicht: „Kopf hoch! Hab doch mal ein Ziel! Denk mal an was Schönes!" Das kannst du nun gerade gar nicht gebrauchen. Aber kennst du Menschen, die dich in deinem So-Sein aushalten? Wenn du die nicht kennst, dann verrate ich dir was: Es gibt Menschen, die warten auf dich. Ob das nun die Telefonseelsorge ist, die du anrufen kannst, wo Ehrenamtliche sind und mit dir Zeit teilen wollen, oder ob es in den Beratungsstellen der Caritas, Diakonie, anderer Vereine Menschen sind, die das zu ihrer Passion gemacht haben, bei Menschen zu sitzen, die im Moment merken: Ich sitze in einem tiefen Loch, mein ganzes Leben macht einfach keinen Sinn mehr. Im Bild gesprochen bist du in einer Situation, in der deine Seelenmaschine – also das, was in dir dafür sorgt, dass das, was in deinem Leben passiert, irgendwie zusammengefügt wird und du dich als ganzer Mensch fühlst –, im Moment einfach ins Stocken geraten ist, als wäre da Sand ins Getriebe gekommen, und jetzt kann sie nicht mehr so richtig alles verarbeiten, was in deinem Leben passiert. Das ist erst einmal so, und es muss erst einmal auch ausgehalten werden.

Es nützt alles gar nichts, das jetzt verändern zu wollen, das kann ich auch nicht. Aber ich kann dir anbieten, dass wir miteinander anschauen, was eigentlich in dir so wichtig geworden ist, dass es dich blockiert. Und du kannst mir erzählen von Menschen, die dich echt enttäuscht haben – und zwar nicht nur jetzt, sondern vielleicht vor zehn Jahren, vor fünfzehn Jahren, und du merkst: Das lässt dich einfach nicht los. Oder du hast deine Großmutter durch Tod verloren oder einen Elternteil – und diese große Trauer ist immer noch in dir. Die Trauer ist ja die Rückseite der Liebe, diese wahnsinnige Liebe, die du gelebt hast, und diese Liebe ist durch den Tod getrennt worden. Da hat man natürlich das Gefühl, dass nichts mehr weitergeht. Die Trauer macht einem die Füße schwer. Da kann man nicht mehr weitergehen.

„Ich sehe überhaupt keinen Sinn mehr, weil ich Trauer erfahren habe." Ein zweiter Grund, warum Menschen in so einem tiefen Loch sitzen und denken, das alles hat gar keinen Sinn mehr – das Zweite ist, dass du zu große Gedanken über dich und dein Leben hast. Dass du zu große Gedanken hast, was alles werden müsste und sollte: „Das alles schaffe ich ja gar nicht mehr …" und: „Ich wollte doch eigentlich noch …" und: „Warum schaffe ich das eigentlich nicht? Ich kann das gar nicht mehr studieren, was ich studieren wollte, ich schaffe auch das in dem Beruf nicht mehr, ich bin wahrscheinlich gar nicht mehr fähig, diesen Beruf auszuüben …" Was auch immer. Du merkst, dass du über deine Kräfte gelebt hast. Du hast dir zu Großes vorgenommen und auf dir lastet jetzt die Verantwortung, du müsstest das alles noch leisten. Du brauchst also so etwas wie einen Traumerlöser, einen Visionserlöser – das will ich wohl gerne für dich sein –, der dir einfach sagt: „Die Träume sind schon gut, wenn man sie hat, die Visionen sind auch gut. Aber wenn sie nicht zu einem passen, dann muss man sie fahren lassen. Dann muss man sie wirklich fahren lassen, sonst ist man einfach immer in diesem Loch, wo es am Ende des Tages ständig heißt: zu wenig, zu klein, zu erfolglos oder was auch immer."

Und noch etwas: Wenn du in so einem Loch sitzt, dann könnte es auch sein, dass du einfach zu weit nach vorne guckst, nach dem Motto: „In zehn oder in zwanzig Jahren muss das aber alles auch noch kommen. Und auf jeden Fall muss ich das noch erreichen. Und ich muss dies auch noch tun und das auch noch tun, und ich muss nicht nur mit meiner Mutter wieder Frieden schließen, sondern auch noch mit meiner Freundin und mit meinem Arbeitskollegen und mit dem und das … Das ist alles so viel, das geht gar nicht." Dann würde ich dir raten: Schreibe dir doch einfach auf, was du bis nächste Woche Mittwoch oder Donnerstag oder bis in einem Monat erreicht haben willst. Und schau an, ob du das wirklich auch erreichen kannst. Du kannst nicht die ganze Welt erlösen, du kannst nicht alle Konflikte in deinem Leben lösen, du kannst nicht jetzt sofort alles erledigen, aber du kannst einen kleinen Schritt tun.

Und dann kommt das kleine Teufelchen in dir und sagt: „Das ist aber viel zu wenig! Ich müsste doch noch und sollte noch … Das schaffe ich alles ja sowieso nicht, das geht gar nicht mehr, ich sitz doch in diesem Loch!" Dann tritt doch einfach mit der Kraft, die du noch hast, für diesen einen kleinen Schritt an, den du dir vornehmen kannst. Es gibt die Möglichkeit, dass du das eine Kleine tust: die Freundin anrufen, die du schon lange nicht mehr angerufen hast. Ans Grab der Eltern gehen und dort einen Moment stehen. Oder auch mal sagen: Ich will jetzt dieses Gespräch suchen – und dann mal schauen, was daraus wird. Keiner hat zu wenig Kraft, um nicht doch einen kleinen Schritt zu tun. Den einen kleinen Schritt zu tun aus dem Loch, in dem er gerade sitzt.

Und die große Frage ist: Um wessentwillen? Wegen wem soll ich das denn noch machen, wenn mich keiner beachtet? Stimmt doch gar nicht! Ich beachte dich ja gerade. Und wenn du genau hinguckst, dann gibt es drei Leute um dich herum, die schon mal öfter fragen: „Wie geht's dir denn?" Und dann hast du dich nicht getraut, zu sagen: „Es geht mir blöd." Trau dich das doch einfach! Wenn Leute dich fragen: „Wie geht's dir?", schau sie an, ob sie die Frage ernst meinen, und dann teile deine Not mit anderen. Geteiltes Leid ist halbes Leid, sagt man – und das ist auch hoffentlich deine Erfahrung, nachdem ich mich einen Moment zu dir gesetzt habe.

Trau dich, jemanden anzusprechen, plane einen kleinen Schritt … und ich glaube, dann könntest du ein wenig Licht am Horizont sehen und merken: Das alles macht doch noch mehr Sinn, als ich bis jetzt dachte.

Hätte ich doch damals …
Was hilft mir, mir selbst zu vergeben?

Zu den unbeliebtesten Tatsachen des menschlichen Lebens gehört es, dass man die Uhr nicht zurückdrehen kann. Wir werden alle älter, jede Sekunde, und wir können nichts ungeschehen machen. Das ist nicht so einfach. Täglich grüßt das Murmeltier – dieser Kinofilm ist ja sehr berühmt geworden. Das allerdings können wir nicht: Es wiederholt sich eben nichts. Alles ist unwiederholbar, und das ist erst mal etwas Schönes. Weil alles einmalig ist.

Wenn ich einen Lernprozess mache, der mich nach vorne führt, beginnt dann die Schwierigkeit, dass ich natürlich in bestimmten Stunden mit dem, was ich gelernt habe, zurückblicke und denke: „Ja, wenn ich das damals gewusst hätte, dann hätte ich das anders gemacht, und es tut mir richtig leid, dass ich das nicht so gemacht habe!" Oberflächlich betrachtet ist das vielleicht noch leicht. Wenn ich damals schon hätte backen können, dann hätte ich auch das Brot besser gemacht oder was einem an Beispielen so einfallen kann. Aber schwieriger wird's natürlich, wenn man in Beziehungsfragen eintaucht. Wenn man im Laufe seines Lebens gemerkt hat: „Verzeihung ist doch möglich! Und Vergebung geht! Ich hätte nicht so hart sein dürfen. Weil ich so hart gewesen bin, ist diese Beziehung zerbrochen." Oder noch schlimmer: Menschen haben sich entschieden, dass ein werdendes Kind getötet werden soll. Später bereuen sie, dass sie eine Abtreibung befürwortet haben und das Kind gar nicht wollten, egal ob als Mann oder als Frau. Oder dass ich meine Eltern fallen gelassen habe, mich nie mehr bei ihnen gemeldet habe, und dann ist plötzlich der Papa gestorben. Ja, hätte ich doch früher mal …

Eine gute Bekannte von mir war Seglerin, leider ist sie schon verstorben. Sie hat gesagt: „In der Segelsprache sagt man: ‚Ist über Bord!'" – das heißt, es lohnt sich nicht, lange darüber zu trauern. Ist halt vorbei und verpasst. Das ist eine Haltung, die nicht jeder kann, und am Ende ist ja auch eine gemachte Erfahrung nicht einfach so über Bord, sondern das nagt an mir. Und wenn ich mir dann selber nicht vergeben kann, dass ich zehn Jahre lang Beten nicht geübt habe, oder ich kann mir nicht vergeben, dass ich einfach mit dem Sport aufgehört habe, ich bin einfach eine faule Socke geworden – das kann ich ja nicht mehr zurückdrehen! Bis ich mir das wieder antrainiert habe, das dauert. Oder dass ich eine Berufsentscheidung aufgegeben habe, ein Studium nicht zu Ende geführt habe, weil ich einfach keine Lust hatte. Das sind alles Dinge, von denen man im Nachhinein denkt: „Das kann ich mir kaum vergeben."

Was kann man dann machen? Das eine ist natürlich, dass ich meinen Realitätssinn schärfe und sage: „Ist über Bord!", „Ist passiert!", „Gehört zu mir", „Hab ich so gemacht" – und dann auch dazu stehe. Ich glaube, dass viele Menschen viel zu viel Kraft aufwenden, ihr Leben schönzureden und zu denken, sie müssten eine Art perfekten Lebenslauf erzählen, selbst wenn sie auf dem Weihnachtsmarkt beim Glühwein mit anderen stehen. Ich würde mal sagen: Gewöhn dir an, auch die Brüche aus deinem Leben zu erzählen. Es glaubt einem sowieso niemand, dass das Leben glattgelaufen ist – das ist es ja bei keinem! Versuche, eine Realitätshaltung zu bekommen. Leben ist bruchstückhaft. Leben gelingt nicht in einem Guss. Wir machen Fehler. Ich bin fehlerhaft. Ich war uneinsichtig. Ich war stur. Es hilft, das zu bekennen, auch durchaus als Schuldbekenntnis. Denn manches daran war vielleicht verständlich („Ich konnte nicht anders als stur sein"; „Ich habe sogar gedacht, ich würde mir einen heiligen Dienst erweisen, weil ich mein Studium abgebrochen habe oder weil ich diese Beziehung beendet habe"), aber im Nachhinein muss ich sagen, dass ich egoistisch war. Dann muss ich einfach mal dazu stehen. Das war eben so. Das ist das eine. Wie gehe ich damit um, wenn ich mir selber nicht verzeihen kann? Du kannst dir realistisch einfach sagen: Wir sind eben Lernende.

Wenn ich mir selber nicht verzeihen kann, was ich da gemacht habe, kann ich als Zweites mir vor Augen halten: „Es ist ja noch nicht aller Tage Abend, ich kann ja noch mal wieder was versuchen." Wirf die Flinte nicht zu früh ins Korn! Es gibt Leute, die fangen mit fünfzig an, Violine zu lernen, weil sie sagen: „Mit zwanzig oder mit zehn wollte ich es nicht, aber diese Melodien waren immer in meinem Ohr – ich mach's trotzdem! Es wird nie so vollkommen werden, wie es geworden wäre, wenn ich das als Kind begonnen hätte. Aber ich kann dadurch gut oder besser verzeihen, wenn ich sage: Gut, dann hole ich's jetzt nach!" Das geht auch. Das wird unvollkommener werden und das wird auch ganz anders werden, das ist ja klar. Wenn ich mit zwanzig angefangen habe, ein Buch zu schreiben, und habe dann aufgehört, weil ich keine Lust mehr hatte, wird das Buch anders werden, wenn ich mit fünfzig weiterschreibe. Aber ich versuch's trotzdem. Dahinter steckt, dass wir uns durch unsere eigene Vergangenheit nicht schlechtreden im Heute, sondern wir erkennen, dass wir ja heute auch noch Möglichkeiten haben.

Wenn ich damals eine super Freundschaft durch ein dämliches Verhalten kaputt gemacht habe, gilt auch hier die dritte Möglichkeit: Heute einfach noch mal mit der Versöhnung anfangen. Ich glaube, dass viele Menschen glücklich wären, würden andere mal den ersten Schritt machen und eine innere Sturheit überwinden wie: „Nein, das mach ich nicht, will ich nicht" oder „Geht sowieso nicht, und der will gar nicht, und wie der war ... und dann hole ich mir eine Abreibung". Nein, ich kann heute auch sagen: „Ich mache jetzt diesen ersten Schritt und überwinde den Stolz, zu warten, bis der andere kommt und mir irgendwas sagt. Ich gebe mal ein Zeichen."

Wenn ich mir selbst eben nicht verzeihen kann, dass ich damals einfach einem Lehrer derart übers Maul gefahren bin, als er mir einen guten Tipp gegeben hat, und dann das nicht gemacht habe, was der mir gesagt hat, und das total verkehrt war und ich ihm hätte folgen müssen, dann kann's vielleicht helfen, falls dieser Lehrer gar nicht mehr lebt, dass man mal an sein Grab fährt, wenn man weiß, wo es ist. Oder dass man mal ein Bild von ihm rauskramt und ein bisschen innere Zwiesprache hält und sagt: „Das kann ich mir echt nicht verzeihen, dass ich damals nicht auf Sie gehört habe!" Ruf durchaus kreativ die Situationen wach, in denen du Schiffbruch erlitten hast, und weiche sie auf, ordne sie ein und sage: „Ja, das gehört jetzt auch zum Puzzle meines Lebens." Und wer dann ganz mutig ist, der darf auch mal tatsächlich – das habe ich am Anfang schon ein bisschen angedeutet – ausführlicher mit einem Berater oder Freund ein längeres Gespräch darüber führen: Was für ein Grundmuster könnte ich darin erkennen, dass ich damals diesen Bock geschossen habe, dass ich das so gemacht habe? Was ist davon heute noch lebendig, und wo könnte ich für mich einen Ansatzpunkt finden, damit das heute vielleicht anders wird? Damit ich heute vielleicht anders bin? Oder auch: Was habe ich daraus gelernt? Führe ein intensives Gespräch darüber, was du dir selber nicht verzeihen kannst – und weine vielleicht auch. Weine darüber, klage … ja, betrauere es. Ich glaube, dass viel Energie dadurch verloren geht, dass wir Trauer und Verzweiflung nicht zulassen, sondern ständig unterdrücken. Und dabei könnte die Energie frei werden, indem man mal seiner Frustration über das eigene Verhalten in der Vergangenheit freien Lauf lässt. Schön, wenn das unter den Augen eines Freundes oder eines Seelsorgers passieren kann. Wenn ich dann wirklich einmal meinem Herzen Luft mache, dass ich über das Schlimme, an dem ich schuld bin und mit dem ich mir selber ein Beinchen gestellt habe, weinen und klagen kann, um dann neue Energie zu gewinnen und mit ihr etwas zu tun, was dann trotzdem möglich geworden ist.

Schau mit dem Blick von heute nicht nur, was damals blöd gelaufen ist, sondern sage auch: „Aber heute habe ich doch Möglichkeiten, das Meinige trotzdem zu machen."

Viel Energie geht dadurch verloren,
dass wir Trauer und Verzweiflung nicht zulassen,
sondern ständig unterdrücken.

Wie finde ich das Abenteuer in meinem Leben?

Das Leben ist ja manchmal so was von langweilig. Man muss ja oft immer die gleichen Sachen machen, und es plätschert so vor sich hin. Und dann steht man vor einem Schaufenster und denkt: „Wow! Jetzt aber! In die Karibik!" Oder: „Super! Jetzt aber dieses und jenes erleben!" Oder man merkt: „Es gibt ja so tolle Berufe, und meiner ist so langweilig. Ich will jetzt noch mal richtig neu anfangen, ein richtiges Abenteuer erleben …" Da würde ich dich dann erst mal beglückwünschen, wenn du an diesem Punkt angekommen bist, dass du ein bisschen Abenteuerlust entdeckst. Denn ich glaube tatsächlich, dass in dir mehr Möglichkeiten stecken, als du dich zu glauben traust. Und dass in dir auch ein kleiner Abenteurer steckt, der ein bisschen von der Angst gezähmt wird, wirklich etwas Abenteuerliches zu machen. Aber gleichzeitig hast du auch Lust, mal was Neues auszuprobieren.

So ein Abenteuer lebt ja davon – und das bedeutet dieses Wort Abenteuer –, dass du nicht weißt, wie es ausgeht. Deswegen bleibt man lieber bei seinem vielleicht als langweilig empfundenen Leben und geht dann nicht in den Abenteuermodus.

Du musst es ja auch nicht sofort ganz machen. Keiner verlangt von dir, dass du dein Haus aufgibst, deine Wohnung und alles weggibst und dann mit dem Rucksack durch die Gegend gehst und eine Abenteuersache machst. Obwohl das bei manchen Menschen auch dran gewesen ist. Aber wenn ich einigermaßen in meinem Leben „gesettled" bin, wie man so schön sagt, und vielleicht in einer Beziehung lebe, einen Beruf und meine Aufgaben habe, wie kann ich denn dann Abenteuer finden? Wie kann's denn da abenteuerlicher für mich werden? Die Welt ist ja voll davon, da verstehe ich fast die Frage nicht mehr. Bist du denn so blind, dass du nicht sehen kannst, wie abenteuerlich diese Welt ist? Du könntest dich zum Beispiel mal in einer Galerie melden und sagen: „Welcher Künstler hat denn eigentlich dieses Bild gemacht? Lebt der irgendwo? Ich möchte den kennenlernen." Das wäre doch mal ein Abenteuer, oder? Einen richtigen Künstler kennenlernen. Das geht! Die sind eigentlich ganz froh, wenn sie mal mit jemandem reden können. Und dann merkst du plötzlich: Da ist ein Mensch, was denkt der eigentlich?

Oder du könntest im Forstamt anrufen und fragen: „Ich möchte mal mit einem Jäger morgens um zwei auf die Jagd gehen und gucken, wie das wohl ist, da nachts auf dem Hochsitz zu sitzen und einen Rehbock zu schießen." Man kann das auch mit Anglern machen, das ist dann nicht ganz so dramatisch.

Abenteuer kannst du dir ins Leben holen, und die sind gar nicht teuer. Wenn du einfach Abenteuer erleben willst, dann lass dich auf Menschen ein, die dir suspekt sind. Du könntest auch mal einen Imam anrufen und sagen: „Ich würde mal gerne zu einem Feiertagsgebet kommen und in die Moschee gehen und mal gucken, wie das da so ist."

Dann merkst du schon, welche Gegenargumente in deinem Kopf auftauchen, wenn du dich auf Abenteuer einlässt. Erstens: Das gehört sich nicht. Zweitens: Das macht man nicht. Drittens: Die anderen wollen mich sowieso nicht, es interessiert sich keiner für mich, darum bin ich ja sowieso alleine. Ist ja eben nicht so! Ich weiß ja nicht, was du mit Abenteuer meinst. Es gibt durchaus auch Leute, die einen Seitensprung für ein Abenteuer halten. Diese Art von Abenteuer, bei dem ich etwas tue, was andere verletzt, ist etwas, was ich durchaus auch im Blick haben sollte. Es gibt diese

Versuchung, dass ich ein Abenteuer darin suche, dass ich etwas tue, was unmoralisch ist. Womit das zusammenhängt, weiß ich auch nicht. Es ist ein großes Rätsel, warum wir Menschen Böses tun wollen und das auch noch für ein Abenteuer halten. Aber das gibt es, es steht schon auf den ersten Seiten der Bibel. Irgendwie sind wir so blöd, dass wir uns selber aus dem Paradies vertreiben, in dem wir gerade leben …

Aber als Abenteuermensch – das sage ich auch immer wieder gerne, und du wirst vielleicht staunen, wenn ich das sage – könntest du auch mal zu einer Stadtratssitzung gehen. Schau dir mal vier Stunden lang an, wie die Menschen, die du gewählt hast, jetzt versuchen, die Geschicke der Stadt zu leiten. Das sind ja immerhin deine Vertreter. Mach das einfach mal! Und einen Tag später rufst du jemanden an und sagst: „Ich war gestern in der Stadtratssitzung, ich würde noch mal gerne nachfragen, warum Sie das und das gesagt haben." Der wird dankbar sein. Weil sich ja niemand um unsere Leute kümmert, die für uns arbeiten. Mach doch einfach mal Politik, das ist ein Abenteuer an sich – und die Politiker sind ja durch die Bank Menschen, Männer und Frauen, die etwas tun wollen für die Gemeinschaft, und das ist eines der größten Abenteuer. Frag mal einen jungen Bundestagsabgeordneten, was der alles so erlebt hat, bis man das alles drauf hat, was man so tun muss, wenn man Volksvertreter ist.

Und es gibt die vielen kleinen Dinge des Alltags, die du auch tun kannst, um deinem Leben eine neue und erfrischende Farbe zu geben. Für mich ist das größte Abenteuer, dass ich mich auf Menschen einlasse, die ich mir nicht ausgesucht habe. Als Seelsorger habe ich jede Woche drei bis fünf Gespräche mit Menschen, die ihr Leben mit mir teilen. Das ist für mich jedes Mal ein Abenteuer, mich darauf einzulassen.

Wie wird mich das verändern, wenn ich mit ihnen die Zeit geteilt habe?

Wenn du ein Abenteuer suchst, könntest du auch eine Leinwand und Farbe kaufen und dann malen! Ja, ich weiß – ich kann nicht malen. Das sagt ja jeder. Mach es doch einfach mal! Das größte Hindernis für richtige Abenteuer ist, dass wir viel zu früh sagen: „Ich kann nicht … Das hab ich noch nie gemacht … Was werden die anderen sagen, wenn ich das jetzt mache?"

Bungee springen – ist auch ein Abenteuer! Das ist nicht so meine Sache, ganz ehrlich gesagt, aber manche Leute machen das ja, weil sie da den großen Kick suchen. Aber es geht auch ein bisschen leichter, es reicht auch, tatsächlich mal mit Inline Skates zu fahren. Hab ich mal gemacht. Ist schon interessant, wie man da noch einen neuen Zugang zu seinem Gleichgewicht bekommt. Und ich kann dir sagen: Vier Stunden durch den Wald zu wandern, nur mit einer Wasserflasche auf dem Rücken, und mal zu gucken, wie das so ist, eine Stunde irgendwo abseits des Weges zu sitzen und zu beobachten, was sich da alles im Wald tut – das kann auch ein Abenteuer sein.

Oder geh doch mal in den Kindergarten. Oder geh mal mit den Kindern durch den Wald. Für die Kinder ist dies das Abenteuer schlechthin! Ich verstehe gar nicht, warum Kinder in Kinderzimmern mit irgendwelchem Plastikspielzeug eingesperrt werden. Eltern, geht doch mit euren Kindern einfach in den Wald! Ja, es regnet … Macht ja nix! Zieht doch mal Regenzeug an! Es gibt nichts Schöneres, als abends im regnerischen Wald zu sitzen und zu gucken, was da alles passiert. Was man da alles hören kann und was da alles zu erleben ist … Mal Waldbeeren zu essen vom Strauch – gibt es etwas Abenteuerlicheres?

Für mich ist es so, dass das Leben immer spannend ist, weil ich dieses Überraschungsherz habe. Ich möchte mir die Welt nicht so zurichten, wie sie mir passt, sondern ich möchte die Welt entdecken in ihrem Anderssein und will mich von ihr beanspruchen lassen. Und dann will ich mal gucken, was daraus wird. Denn ich merke, dass diese gewisse „organisierte Planlosigkeit" für mich der größte und beste Schlüssel ist, damit ich mich auch auf Veränderungen in mir einlassen kann. Ich habe beispielsweise in der Obdachlosenunterkunft gelebt. Einfach mit diesen Menschen zusammen zu sein, die dieses Leben hinter sich haben, mit diesen Experten der Improvisation, war für mich immer ein Segen. Es war natürlich auch nicht schön, morgens Kinder am Frühstückstisch zu haben, die Eltern hatten, die ihnen nicht mal ein Frühstück machen konnten, weil sie noch im Salz lagen, wie man so schön sagt, aber gleichzeitig war das für mich ein Abenteuer, zu sehen: So verbringen Menschen auch ihr Leben. Und ich möchte mit denen meine Zeit teilen.

Als ich fünfzehn war, habe ich auch ein großes Abenteuer angefangen: Ich habe mich im Krankenhaus gemeldet und Sonntagsdienst gemacht. Da bin ich morgens mit meinem Mofa zum Krankenhaus gefahren und habe dort alle zwei Wochen ab sechs Uhr im Krankenhaus Kranke gepflegt, ihnen Frühstück gebracht. Ich hatte geteilten Dienst, das heißt, ich habe bis 13 Uhr gearbeitet, dann war Pause, und um 16 Uhr bin ich wieder angetanzt und habe von 16 bis 19 Uhr Dienst gemacht. Meine Klassenkameraden haben gedacht: So was Doofes! Wenn wir samstags abends auf die Fete gingen, sagte ich immer: „Ich muss jetzt um zehn nach Hause, weil ich morgen früh um fünf aufstehe für meinen Sonntagsdienst im Krankenhaus." Ja, man hat mich ausgelacht. Abenteurer werden ausgelacht! Da lese man mal bitte die Gebrüder Grimm: von einem, der auszog, das Fürchten zu lernen. Abenteurer werden ausgelacht!

Insofern: Mach dich doch mal ein bisschen zum Clown in deiner Umgebung.

Mir fällt noch ein Beispiel ein, weil ich ja auch immer über meinen Ruhestand nachdenke: Was mache ich wohl mal, wenn ich im Ruhestand bin? Ich werde auf jeden Fall dieses Abenteuer machen: Jede Woche am gleichen Nachmittag auf den Hauptfriedhof gehen und dort einen Spaziergang machen, immer die gleiche Runde, und dann werde ich nach zwei Monaten die Leute schon kennen, die da genauso wie ich immer die gleiche Runde machen. Dann werde ich mir drei verwahrloste Gräber aussuchen, die ich als meinen Kleingarten pflege, und werde einfach mal abwarten, was da wohl alles passiert. Ich bin sicher, wenn ich da als kommunikativer Typ unterwegs bin, dass die Kaninchen mich irgendwann kennen werden und auch die Dame mit dem Hund. Und wir werden uns irgendwann verabreden, und dann werden wir zu fünft und zu siebt anschließend noch im Café sitzen, und ich werde Menschen kennenlernen, die ich mir nicht ausgesucht habe – und das ist für mich das größte und eigentlich auch schönste Abenteuer im Leben: dass ich versuche, die Fülle des Lebens, die da ist, mir in mein Leben zu holen.

---

*Ich möchte mir die Welt nicht so zurichten,
wie sie mir passt,
sondern ich möchte die Welt entdecken
in ihrem Anderssein und will mich
von ihr beanspruchen lassen.*

Musst du heute leben, um in Ruhe sterben zu können?

Das ist ja eines meiner Lieblingsthemen. Als Antwort darauf schreibe ich den lateinischen Satz, den ich so schön finde, dass ich ihn einfach mal lateinisch zitiere: Vivere tota vita discendum est et, quod magis fortasse miraberis, tota vita discendum est mori (Seneca). Heißt auf Deutsch: „Ein Leben lang musst du Leben lernen, und, das wird dich noch viel mehr wundern, ein Leben lang musst du Sterben lernen." Und weil das so eine große Weisheit ist, die sich in meinem Leben auch bewahrheitet hat, ist für mich das Leben und Sterben sozusagen täglich dran.

Manche wundern sich ein bisschen, dass ich mit sechzig in den Vorruhestand gegangen bin. Aber für mich war das sehr, sehr wichtig, mir deutlich zu machen, dass ich jetzt so langsam auf mein Sterben zugehe. Zwei Drittel meines Lebens sind rum, mindestens.

Ich habe dadurch auch mehr Kraft bekommen, denn wenn man mit sechzig so tut, als sei man noch vierzig, dann lebt man am Leben vorbei, wie ich finde.

Den Tod im Blick zu haben ist für mich die Möglichkeit, das Heute mehr zu schätzen. Denn wenn ich weiß, dass etwas zu Ende geht, dann kann ich den Augenblick besser genießen. Auch dafür braucht man vielleicht ein Bild, weil die Menschen das nicht verstehen wollen, dass der Gedanke, dass wir Sterbliche sind und sterben werden, den Genuss für heute verdoppeln, vervierfachen, verzehnfachen kann. Diesen Menschen erzähle ich immer das Beispiel: „Stellen Sie sich vor, Sie treffen sich mit Ihrer Freundin, Sie gehen spazieren, finden eine wunderbare Parkbank, Sie setzen sich hin. Und dann fängt der Kuss an … wunderbar, toll! Zehn Minuten … super! Dann dreißig Minuten … oh, wunderbar! Eine Stunde … oh … Spuckewechsel. Oh, zwei Stunden … drei Stunden … Sie merken schon, das geht nicht. Der Kuss lebt von seinem Ende." Merkwürdig, oder? Die Schönheit der Liebe bekommt ihre Kraft dadurch, dass ich weiß, dass sie nicht ewig ist. Bis dass der Tod euch scheidet … Ich verstehe Brautpaare nicht, die das bei der Eheschließung nicht sagen wollen. „Wir wollen doch noch nicht an den Tod denken!" Dann sage ich denen meistens: „Wissen Sie, erstens: Sie werden sehr viele Tode sterben und Sie werden durch sehr viele Tode Trennungserfahrungen machen, weil der andere anders ist, als man selber denkt. Und wenn Sie das jetzt mit in den Blick nehmen, dass Lieben auch Sterben heißt, dann werden Sie viel glücklicher lieben können. Und wenn Sie auch wissen, dass Sie mit diesem Mann nicht ewig verheiratet sein werden, dann können Sie mit dem auch ein bisschen besser leben, wenn das alles nicht ewig geht." Irgendwann ist es auch zu Ende. Dank der Medizin dauert's heute ein bisschen länger, aber irgendwann geht auch das zu Ende – und das sage ich jetzt gar nicht, um irgendetwas lächerlich zu machen, sondern für mich ist es tatsächlich so: Wenn ich weiß, dass mein Leben sich dem Ende zuneigt, dann empfange ich die Kraft für das Heute und heute lebe ich wie an meinem letzten Tag. Während ich jetzt diese Zeilen schreibe, mache ich das in der Intensität, als würde ich hier mein Testament schreiben. Und wenn du jetzt hören würdest: „An dem Tag, an dem dieses Buch veröffentlicht wurde, ist der Bruder Paulus auf der Straße von einem Autofahrer totgefahren worden" – dann wäre das hier ja mein Vermächtnis. Und so lebe ich. Ich lebe so, als könnte jeder Moment mein Vermächtnis sein. Wenn man mich findet als Gestorbener, dann möchte ich, dass der Tag, den ich davor gelebt habe, ein Tag ist, an dem ich so gelebt habe, als wäre es mein letzter. Ich verschiebe eben nichts auf morgen. Ich mache das jetzt, damit morgen das Leben glücklich wird …

Ich will dir gerne verraten, wann ich mir das gesagt habe: Als ich Abitur gemacht habe, waren schon zwei meiner Klassenkameraden tot. Einer hatte sich umgebracht, ganz dramatisch mit Jean Améry in der Hand – Selbstmord als große Freiheitsinszenierung. Andreas ist ein Jahr vor dem Abitur tödlich verunglückt. Und der dritte ist ein halbes Jahr vor dem Abitur psychisch krank geworden, war im Krankenhaus, den habe ich während der Abiturzeit immer wieder besucht. Wie man sich vorstellen kann, wurde ich gebeten, die Abiturrede zu halten, weil ich so viel rede und so gerne rede, damals schon. Also habe ich die Abiturrede gehalten und dann vor versammelter Mannschaft – es waren vierhundert Leute im Saal – gesagt: „Wisst ihr, ich halte gerne diese Rede für euch, aber ich will jetzt mal einen Moment euch einladen, an Andreas zu denken, der gestorben ist, an Jörg zu denken und an unseren anderen Andreas, der jetzt im Krankenhaus ist – und ich habe mich gefragt: Warum haben die eigentlich Abitur machen wollen? Warum? Woher hatten die die Kraft, in der Schule zu sein? Und dann habe ich gedacht: Na ja, um Abitur zu machen! Und warum wollten sie Abitur machen? Um zu studieren. Warum wollten sie studieren? Um dies zu machen … und das … und das alles haben sie jetzt nicht. Das würde ja heißen, die sind jetzt tot und die haben sozusagen Abitur gemacht, um später was anderes zu machen, das erreichen sie nicht – war das dann alles sinnlos? Und darum, liebe Damen und Herren, alle liebe

Mitschüler, die ihr hier sitzt, ich lerne durch meine beiden Schulkameraden, dass ich nie etwas machen will, um etwas zu erreichen. Dass ich nie etwas machen will, um morgen zu leben. Ich will das, was ich jetzt, heute lebe, so machen, dass ich wirklich in Freude lebe. Das habe ich im Biologie-Leistungskurs schon gemacht … Ich habe das nicht gelernt, damit ich eine gute Zensur bekomme, sondern es hat einfach Spaß gemacht, den Desoxyribonukleinsäurezyklus auswendig zu lernen und zu verstehen. Ich habe versucht, in der Mathematik nachzudenken, und habe auch gerne meinen Englischkurs gemacht – aber nie, um zu sagen: Später kann ich dann richtig was damit machen! Nein, nein, ich mache heute und alles richtig!"

Ich weiß gar nicht, warum die Gnade mir diesen Gedanken so früh gegeben hat. Er ist für mich ein lebensspendender Gedanke: Wenn ich sterbe, ist für mich letztlich Ende der Veranstaltung hier, und meine Aufgabe ist es, dass ich auf Erden den Lobpreis des Daseins singe. Die erste Seite im katholischen Katechismus hat früher geheißen: „Wozu sind wir auf Erden? Um Gott zu loben und zu dienen und den Menschen zu lieben wie sich selbst" – das war der erste Satz im Katechismus. Und das heißt auch für den, der jetzt nicht so viel mit dem Katechismus anfangen kann, dass ich mein Leben dann leben kann, wenn ich im Jetzt den Lobpreis des Daseins singen kann.

In einer alten Geschichte heißt es: Ein Europäer fragt einen Indianer: „Warum bist du denn so zufrieden?" Und er antwortet: „Wenn ich sitze, dann sitze ich. Wenn ich stehe, dann stehe ich. Wenn ich lese, dann lese ich. Wenn ich singe, dann singe ich." Dann sagt der Europäer: „Das mache ich ja auch!" – „Nein", sagt der Indianer. „Wenn du sitzt, dann stehst du schon. Wenn du stehst, dann gehst du schon. Und wenn du gehst, dann läufst du schon. Du bist gar nicht hier und jetzt einfach da."

Ich habe mich sehr, sehr gefreut, als mir aufgefallen ist – obwohl ich das schon öfter gehört hatte, aber leider ist es mir später erst aufgegangen –, dass der Gottesname heißt: „Ich bin der Ich-bin-da. Ich bin real, präsent, das ist meine Wesenheit." Und das heißt für mich als Mensch, dass ich versuche, ganz da zu sein. Mit Leib und Seele, mit ganzer Kraft. Und dieses Leben im Hier und Heute, das gelingt mir umso mehr, je mehr ich mir klarmache, es könnte der letzte Tag sein.

Memento mori – gedenke der Verstorbenen, gedenke deines Todes. Das ist für mich kein Drohsatz, sondern ein Ermöglichungssatz. Ich weiß, dass ich sterben werde. Es könnte heute schon sein, also ist für mich heute der Tag, an dem ich mich ganz hingeben will mit dem, was ich bin und habe. Und von daher wünsche ich auch dir, dass du durchaus mal – vielleicht als kleine Übung – einen weißen Zettel nimmst und obendrauf schreibst „Mein letzter Wille" und heute mal dein Testament machst. Es ist sowieso gut, wenn du es machst. Aber es ist auch für deine Seele gut, wenn du es machst, weil das noch einmal fixiert, was dir wichtig ist, wem du was zugedenken willst, und du kannst dir vorstellen: „Das wird gelesen, wenn ich einst tot bin." Das ist vielleicht ein merkwürdiges Gefühl – das kann ich dir sagen! Als ich das gemacht habe, war es ein sehr merkwürdiges Gefühl. Aber du bist jetzt schon eingeladen, dir Gedanken zu machen, dass du sterblich bist, und wenn du sterben wirst, dann kannst du hoffentlich sagen: „Ich habe auch noch am letzten Tag meines Lebens ganz gelebt."

Ich will sterben, darf aber nicht. Wie stehst du zum Thema Sterbehilfe?

„Ich will sterben, aber ich darf es nicht", so lese ich in Berichten von Menschen, die sich entschlossen haben, dass sie sterben wollen und dann in Deutschland diese Möglichkeit nicht so einfach geboten bekommen. Das wird ja jetzt infrage gestellt. Es gibt Gerichtsurteile, dass das einfacher werden muss. Wenn ich so was lese, dann bin ich immer wieder neu berührt, weil ich glaube, dass der Wunsch zu sterben ein Wunsch ist, der derart gegen das Leben gerichtet ist, gegen das Leben-Wollen, dass ich mich sofort frage: Wie kommt einer da drauf, sterben zu wollen? Woher kommt dieser Wunsch? Ich glaube, es ist ein bisschen Mode geworden.

Ich bin Seelsorger, ich respektiere jeden Menschen, ich stehe jedem zur Seite. Wenn du zu deiner Familie oder in deinem Freundeskreis sagst: „Ich finde Euthanasie nicht richtig!", dann bist du sofort unten durch. Weil man doch heute auf jeden Fall dafür sein muss! Und wenn man fragt: „Warum muss man denn dafür sein?" – „Ja, weil ja jeder machen kann, was er will." Ist das so? Darf jeder mit sich und anderen machen, was er will? Und da ist meine ganz klare Antwort: Nein. Denn jeder Mensch ist ja Mitmensch. Er lebt in einer Gemeinschaft. Auch wenn jemand achtzig ist und Krebs und andere Krankheiten hat, dann ist er immer noch eingebunden in eine Familie und in einen Freundeskreis. Und wenn jemand dann zu seinen Freunden und seiner Familie sagt: „Ich will jetzt nicht mehr leben, weil ich die Schmerzen nicht ertragen kann", dann sage ich immer wieder: Gegen Schmerzen lässt sich heute alles machen. Manche sagen vielleicht auch: „Ich will nicht mehr so lange liegen" oder „Ich will nicht im

Rollstuhl sein" – ja, das ist schwer. Dahinter steckt aber auch: „Ich will euch nicht auf die Nerven gehen. Ich will euch nicht belasten." Und am Ende steckt dahinter: „Ich mute es euch nicht zu, wie ich bin. Ich mute euch das Leben nicht mehr zu, wie es bei mir geworden ist." Und damit sage ich den anderen auch: „Ich traue euch nicht zu, dass ihr mich tragen könnt." Das führt dann zu diesem Wunsch: „Ich will jetzt sterben und ich möchte, dass mir das jetzt möglich gemacht wird. Ich möchte den Giftcocktail bekommen oder die richtige Spritze kriegen oder was auch immer" – da rollen sich bei mir wirklich alle Zehennägel auf, weil ich mich frage: Was ist eigentlich in uns Menschen gefahren, dass wir es für selbstverständlich halten, dass Leute sich so was wünschen?

Ich bin der Meinung, dass wir den Glauben an uns Menschen verloren haben. Und zwar den Glauben an uns Menschen, wie menschliches Leben sich eben entwickeln kann. Das ist nicht immer so wie in Hochglanzprospekten. Das ist oft Mühsal. Als Priester sage ich: Das ist auch Kreuz. Aber selbst das ist Leben! „Das ist ja kein Leben!", wird mir dann oft gesagt. „Wenn ich mir nur vorstelle, ich müsste jahrelang gepflegt werden!" Erstens kann man sich das nicht vorstellen. Zweitens kenne ich Menschen, die jahrelang, jahrzehntelang gepflegt werden und ich weiß, wie sie das leben, dass sich um sie gekümmert wird. Die Menschen sind in der Lage, das anzunehmen, und sind ihrerseits Goldstücke für diejenigen, mit denen sie zusammenleben. Und da komme ich auf einen weiteren Aspekt zu sprechen, der es mir so schwermacht, dieses Thema Euthanasie und Sterbewünsche so leicht zu diskutieren. Wir leben in einer Gesellschaft, die die Probleme dadurch bewältigt, dass sie sie einfach beseitigt. Wenn jetzt alle Leute sich selber beseitigen und dann auch noch, wenn sie tot sind, sich im Friedwald selbst beseitigen, dann brauchen wir keine Friedhöfe mehr, dann brauchen wir das auch nicht mehr zu bezahlen, das ist alles viel billiger!

Da muss ich entgegnen: Lass uns mal festhalten, dass wir einander zur Last fallen dürfen. Zweitens: Lass uns mal festhalten, dass das Leben auch uns zur Last fallen darf. Und drittens: Lass uns mal festhalten, dass wir jetzt nicht denken können, was wir denken werden, wenn wir einst in eine Situation kommen, die wir jetzt für ganz schrecklich halten.

Ich hatte neulich ein Gespräch mit jemandem, der ein tolles Restaurant geführt hatte, fünfzig war und nun mit seiner Frau vor mir saß. Als er vierzig war und auf der Höhe seiner Karriere und seiner tollen Restauranttätigkeit, wurde er morgens um acht Uhr auf dem Weg zu seinem Restaurant von einem Auto ins Koma gefahren. Er war zwei Jahre lang total daneben, war nicht ansprechbar und arbeitete sich dann in fünf, sechs Jahren in der Reha-Klinik und überall langsam wieder zurück ins Leben. Jetzt ist er frühverrentet mit fünfzig Jahren. Bei unserem Gespräch sagte er zu mir: „Ich möchte Ihnen gerne was spenden für die Obdachlosen zu meinem 50. Geburtstag." Da fragte ich: „Ja, wie kommen Sie denn da drauf? „Ja, wissen Sie, ich bin jetzt selber zehn Jahre wie obdachlos gewesen. Freunde hatte ich schon nach einem Jahr nicht mehr. Wenn meine Frau nicht zu mir gestanden hätte, dann wüsste ich nicht, wo ich gelandet wäre. Und jetzt bin ich fünfzig und schaue mit einem neuen Blick in die Welt. Deshalb sage ich: Es gibt kein großes Unglück in dieser Welt, das nicht durch die Liebe eines Menschen wirklich geheilt werden kann. Und darum komme ich hierher, weil Sie mit den Obdachlosen die Liebe leben."

Das hat mich nachdenklich gemacht.

Der Mann kann wirklich nicht mehr gut laufen, er wird auch nie mehr kochen können. Er kann auch nicht mehr konzentriert ein Restaurant leiten. Alle seine Träume sind kaputt gegangen. Und er fällt jetzt noch den Versicherungen zur Last. Auch das noch! Den Rentenversicherungen. Der Menschengemeinschaft. Und trotzdem hat er mit diesen Menschen an seiner Seite die Lebenskraft gefunden, sein Leben neu zu gestalten.

Wenn also jemand sagt: „Ich möchte jetzt auf jeden Fall hier sterben", dann hoffe ich, dass ich viel, viel Geduld mit ihm habe, um ihm deutlich zu machen, woher so ein Wunsch kommen kann. Denn am Ende steckt auch darin sehr viel Selbstentwertung!

Wir machen es alten Menschen nicht wirklich leicht, dass sie sich wertvoll fühlen können. Ich glaube, dass in dreißig, vierzig Jahren auf unsere Gesellschaft heruntergeschaut werden wird. Man wird sagen: „Da habt ihr jetzt also Fallzahlen im Gesundheitswesen gemacht und versucht, möglichst gut die Pflegebedürftigen zu organisieren und in Pflegesilos abzuschieben, damit sie möglichst effektiv versorgt werden können. Ihr habt dieses Äußere immer in den Vordergrund gerückt – aber ihr habt nie auf das Seelische geachtet. Warum habt ihr nicht Wohnanlagen gefördert, in denen es immer sechs, sieben Pflegebetten gibt? Warum gehört nicht zu unserer Gesetzespolitik, dass auf jeden Fall in allen Wohnsiedlungen fünf, sechs Häuser vorgesehen sind für Menschen mit Einschränkungen?"

Warum denken wir nicht so? Warum sagen wir den Leuten ständig: „Es darf euch eigentlich gar nicht geben. Ihr, die ihr Krebs habt. Ihr, die ihr arm seid. Ihr, die ihr behindert seid. Wir wollen euch nicht sehen!" In der Oper gibt es vielleicht zwei Stellen, wo Rollstühle stehen können. Aber ansonsten haben wir dafür kaum Platz. Wir wollen das alles nicht sehen. Das geht bis hin zu Klagen gegenüber Reiseveranstaltern, dass man doch bei seinem Mallorca-Urlaub tatsächlich ein Elternpaar mit einem geistig behinderten Kind am Nachbartisch hatte, das sei ja eine Einschränkung für das Wohlbefinden.

Wir machen es Leidenden nicht leicht, zu leiden. Und weil wir das Leid weghaben wollen, finden wir auch eigentlich ganz gut, dass die Leidenden sich wegmachen. Insofern bin ich ein entschiedener Gegner jeglicher Form von „Freibrief", wie wir so gesellschaftlich sagen. Ich bin ein Gegner davon, dass es selbstverständlich ist, dass Leute sich selber töten dürfen. Da bin ich lieber dafür, dass wir sie sterben lassen. Wenn ich mir vorstelle, dass ein Dreimonatskind auf der Frühchenstation aufgepäppelt wird anstatt dass man es in Frieden sterben lässt und den Eltern eine Chance gibt, vielleicht wieder neues Leben zu zeugen, dann krieg ich sofort von allen Seiten Schläge. Weil man das Leben doch erhalten muss! Und dann kommen wir mit der Euthanasie: Ja, das muss nicht erhalten werden!

Noch einmal: Ich verachte niemand, der in einer Situation für sich spürt: Ich kann nicht mehr leben! Aber der braucht keine Spritze, der braucht Liebe. Und der braucht menschliche Gemeinschaft.

Ich muss bald sterben.
Wie gehe ich damit um?

Wer das Gefühl hat, dass er bald sterben muss, wird natürlich in eine Ecke gedrängt. Das Leben ist plötzlich viel kürzer, als man bisher gedacht hat. Natürlich weiß jeder, dass er sterben muss. Jeder muss sterben. Aber dass ich das jetzt schon so bald vor Augen habe und dass das auf mich zukommt, ist doch ein Schock, der nicht von schlechten Eltern ist. Und ehrlich gesagt: Vorstellen kann ich mir das nicht, was ich dann alles denken würde. Darum schreibe ich hier als Antwort auf diese Frage aus meiner Erfahrung als Seelsorger.

Ich weiß, dass jeder anders damit umgeht, wenn er erfährt, dass er bald sterben muss. Wie kann ich mich darauf vorbereiten? Ich glaube, an dem Tag, an dem mir das gesagt würde, würde ich mir eine Liste von Menschen machen, mit denen ich das teilen will. Mit denen ich den Untergang der Welt teilen will. Denn wenn ich sterbe, dann stirbt eine ganze Welt. Und ich möchte das mit dieser Welt teilen. Ich würde daraus kein Geheimnis machen, sondern ich würde den Menschen helfen, die ich zurücklasse, dass sie in diesen Verwandlungsprozess mit eingebunden werden. Ich kenne leider aus der Seelsorge Beispiele, in denen Menschen sich absolut abgeschottet und sich jeglichem Kontakt verweigert haben. Das liegt meines Erachtens vor allen Dingen daran, dass die tiefen emotionalen Bewegungen, die man dann spürt und lostritt, mit seinen Freunden noch gar nicht geteilt hat. Wenn jemand den Freunden, mit denen er immer Fußball gespielt hat, sagt: „Ich habe Leukämie, und es ist mir nicht mehr zu helfen", sitzen sie plötzlich um ihn rum, weinen mit demjenigen und machen komische Gesichter – das kann man sich so schwer vorstellen, dass man es lieber gar nicht macht.

Ich kann nur jeden ermutigen: Es kommt viel Neues auf dich zu, wenn du selber betroffen bist. Mute dich den Menschen so zu, wie es gerade in deinem Leben ist, und mute dich denen zu, denen du dich sonst auch zumutest, mit dem, was jetzt gerade in deinem Leben passiert ist. Wenn du das tust und dich das traust, dann wirst du mit den Leuten emotionale Achterbahnfahrten erleben. Es wird ein großer Schock da sein, du wirst mit den Menschen diesen Schock teilen und sie werden ihn mit dir teilen. Es wird ein Aufbegehren sein, ein Protest: „Da muss doch noch was zu machen sein!" Du wirst zugedeckt mit guten Ratschlägen, Internetseiten, Hinweisen, Büchern, grünen und gelben Steinen, Pflanzen und weiß der Kuckuck, was dir alles empfohlen werden wird, was dein Sterben vielleicht noch aufhalten kann. Ihr werdet traurig und depressiv sein, das wird alles kommen. Und diese Intensität der Gefühle ist so neu für dich und so neu für deine Frau, deinen Mann, deine Kinder, deine Enkel, deine Fußballkameraden, deine Mitschüler, dass man das fast nicht ohne Begleitung schaffen kann.

Deshalb hier noch ein wichtiger Hinweis, den ich dir geben will: Versuch das bloß nicht alles alleine zu schaffen. Lade dir einen Hospizhelfer ein. Dafür gibt's die Hospizvereine in Deutschland. Sprich mit einem Hospizhelfer oder den Zuständigen in einem Hospizverein und überlege, wie sie diesen Prozess, der dir bevorsteht, moderieren können. Wie sie dazu beitragen können, dass dieser Prozess menschlich abläuft. Dass sie ein Gespür entwickeln können von zu wenig und zu viel, welche Themen dran sind und welche Themen jetzt noch nicht dran sind oder nicht mehr dran sind. Wenn du selber in der Situation bist, dass du weißt, du musst bald sterben, oder wenn du jemanden kennst, der in dieser Situation ist – da ist es einfach wichtig, sich von einem Außenstehenden begleiten zu lassen. Jemanden zu haben, der nicht unmittelbar betroffen ist. Das kann der Hospizhelfer sein oder auch die Telefonseelsorge.

Ein weiterer Punkt ist, dass dein Leben je nach Gefühl morgens schneller und abends langsamer vergeht. Du wirst ein neues Empfinden für die Zeit bekommen. Weil du am Ende natürlich nicht weißt, wie lange es noch dauert, kannst du es auch gar nicht richtig einteilen, aber du wirst sehen, dass es manchmal langsamer, manchmal schneller geht, eben wie beim Achterbahnfahren. Mal rauf, mal runter, auch emotional gesehen.

Du hast auch noch ganz irdische Dinge zu tun: Gibt's ein Testament? Müsste das noch einmal überprüft werden? Mit wem müsstest du das besprechen? Gibt's eine Betreuungsverfügung? Gibt's eine Patientenverfügung? Wer wird für dich gerade stehen in der medizinischen Versorgung? Wer wird sagen, was deine wirklichen Wünsche sind, und wer wird versuchen, dass sie auch in die Tat umgesetzt werden? Du musst da ganz praktische Dinge regeln. Und ich glaube, dass das auch wichtig für dich ist, solange du noch in der Situation bist, etwas tun zu können.

Du kannst dir durchaus auch vornehmen, ganz bewusst von diesem Leben Abschied zu nehmen, indem du dir mittels Fotos und Menschen, die mit dir unterwegs waren, einen Rückblick auf dein Leben gönnst. Und ich würde dir raten – auch wenn sich das jetzt ein bisschen merkwürdig anhört –, dass du die Leute, die zu deiner Trauerfeier kommen werden, jetzt schon mal zu dir einlädst. Jeden Tag einen anderen. Dann kannst du einfach sagen: „Lass uns doch miteinander darüber freuen, was wir im Leben alles schon erlebt haben. Ist das nicht toll?" Und ihr könnt darüber weinen, dass dieses Leben sich langsam dem Ende zuneigt. Du wirst da sehr intensive Begegnungen haben. Und scheue dich nicht vor deinen Tränen, und scheue dich auch nicht vor der Sprachlosigkeit – denn das kann ich dir sagen: Sobald bekannt wird, dass du auf den Tod zugehst, wird kein Mensch mehr sich trauen, dich anzusprechen. Kein Mensch wird dich mehr anrufen, weil alle nicht wissen, wie sie mit dir umgehen sollen. Deshalb musst du ihnen da helfen. Das ist eine meiner großen Erkenntnisse aus meiner Erfahrung in der Begleitung sterbender Menschen: Der Sterbende wird zum Lehrer der noch Lebenden. Und wir brauchen dich da. Wir brauchen dich – deine Frau braucht dich, dein Freund braucht dich, die Kinder, die Enkel brauchen dich, denn sie wissen einfach nicht, in welchem Maß du dir wünschst, dass sie dich jetzt begleiten und mit dir auf dem Weg sind.

Falls du an Gott glauben kannst, sei dir natürlich auch einfach gesagt – dafür bin ich ja nun Seelsorger und Priester –: Gehe ins Gebet. Gehe betend dem entgegen, der dich geschaffen hat. Protestiere bei ihm: „Warum schon jetzt, Herr? Warum so? Hätte es nicht anders kommen können?" Bete gerne mit Protest und Klage. Und gerne auch mit dem Versuch, in den Gebeten der Kirche, in den Gebeten der Psalmen Texte zu finden, die du immer wiederholst. Finde ein Gebet, mit dem auf den Lippen du sterben willst. Jeden Abend bete ich in der Komplet: „In deine Hände lege ich mein Leben. Du hast mich erlöst, Herr, du treuer Gott. Herr, auf dich vertraue ich, in deine Hände lege ich mein Leben." Ich glaube, dass das Gebet sehr intensiv werden wird. Und auch der Zweifel, ob das Gebet trägt. All das, was Glaubende erleben, ist in den Monaten und Wochen des eigenen Sterbens noch mal ganz neu dran.

Du hast noch viel zu tun – vor allen Dingen in der Klärung der Beziehungen zu deinen Nächsten und in der Einladung an deine Nächsten und an Gott, dir gerade jetzt in der intensivsten Zeit deines Lebens zur Seite zu sein.

> Der Sterbende wird zum Lehrer
> der noch Lebenden.

III.

GLAUBE
MAL GANZ PERSÖNLICH

Ist es wirklich von Bedeutung, was ich glaube?

In einer technischen Welt denken Menschen, dass Entscheidungen und wie man sein Leben gestaltet, eine Art Rechenkunst sind. Man rechnet sich aus, wie es am besten und am günstigsten wäre. Viele Menschen glauben, dass man sozusagen mit einer relativ rationalen und coolen Haltung am besten durchs Leben kommt. Und da sage ich ganz deutlich: Nein, das ist eben gar nicht so objektiv, wie jemand lebt und wie du dein Leben gestaltest, das hängt einfach mit deinem Glauben zusammen. Und da ist es gar nicht egal, was ich glaube. Wichtig wäre, dass ich mir klar werde, was ich glaube. Wenn ich glaube, dass ich der Allerbeste bin und die anderen sind die Allerschlechtesten, dann ist das auch ein interessanter Glaube, aber ob der richtig ist? Oder wenn ich glaube, dass das Leben sowieso keinen Sinn hat und man am besten immer auf Teufel komm raus heute schon lebt, Sparen sich sowieso nicht lohnt und Warten ebenso nicht, dann wird man eben ein Genussmensch. Und wenn ich glaube, das ganze Leben sei voller Fallen und es sei alles gefährlich und überall könnten Gegner sein und die ganze Welt ist gegen mich eingestellt, dann werde ich nie aus dem Haus treten und werde ich voller Ängste sein. Von daher ist es ganz und gar nicht gleichgültig, was ich glaube.

Wenn man das auf die Religion anwendet, wird die Sache schon ein bisschen differenzierter, weil ich unbedingt darauf hinweisen möchte, dass das, was allgemein Glauben genannt wird, zu 80 Prozent kulturelle Prägung ist. Ein Muslim im Iran glaubt etwas ganz anderes als ein Muslim in der Türkei. Die glauben zwar das Gleiche, aber die Schlussfolgerungen sind ganz andere, und die Muslime, die in Deutschland leben, haben noch mal ganz andere Schlussfolgerungen. Katholiken in Polen sind ganz anders drauf als auf den Philippinen oder in Afrika oder hier in Deutschland. 80 Prozent dessen, was wir Glauben nennen, ist erst mal die Sichtbarkeit des Glaubens in einer bestimmten Kultur. Daher muss man sehr gut aufpassen, wovon man redet, wenn man von Glauben spricht.

Es ist nicht egal, was man glaubt, sondern es muss ständig – und das ist eigentlich der ganze Witz bei der Sache – durch die Vernunft überprüft werden. Es ist ja interessant, dass die ersten theologischen Fakultäten von den Muslimen gegründet wurden. Die haben die größten geisteswissenschaftlichen Zentren im 6., 7. und 8. Jahrhundert gegründet. Die Klöster waren sicher auch Orte des Nachdenkens, aber was dann Theologie wurde, das war eine andere Geschichte. Über die Muslime ist man zu Aristoteles gekommen, und Aristoteles kam dann in die katholische Theologie. Es ist interessant zu beobachten, wie Glaube und Vernunft da zusammenkommen. Deswegen: Es ist nicht egal, was ich glaube – es muss vernünftig sein, was ich glaube. Dass ich glaube, ist unvernünftig. Aber was ich glaube, muss schon auch vernünftig sein. Es muss mit den Naturwissenschaften und der Philosophie überprüft werden, es muss einfach nachgedacht werden: Ist das logisch, was dann folgt? Und deswegen braucht es eine theologisch-philosophische Bildung.

Was passiert, wenn man das nicht macht? Dann folgt daraus, dass jeder seinen Glauben dazu missbraucht, seine egoistischen Wünsche nach vorne zu bringen. Ein Beispiel: Man geht in die Buchhandlung, und da stehen einenhalb Meter sogenannte christliche Literatur, die Menschen, die an Jesus glauben, dazu bringen soll, wie man erfolgreicher wird, bessere Aktienkurse findet, wie man seine Firma besser führt oder wie man weniger Kopfschmerzen kriegt. Der Glaube wird instrumentalisiert. Und diese Art von Instrumentalisierung des Glaubens ist eine der größten Gefahren des Glaubens, weil man nämlich dann mit dem Glauben begründen kann, dass man alle Leute, die eine andere Hautfarbe haben als ich, weniger achten sollte, weil ich ja glaube, dass Gott sozusagen eine Rangordnung unter den Menschen gemacht hat oder was immer es für abstruse Vorstellungen gibt.

Wie supergefährlich das sein kann, sehen wir an den Fundamentalisten. Ich sage immer: Fundamentalisten sind Menschen, die kein Fundament haben. Sie reden ständig davon, dass sie wissen, was richtig und was falsch ist, und machen Indoktrination bis zum Geht-nicht-mehr. Sobald man anfängt, mit ihnen zu diskutieren, werden sie aggressiv. Da merkt man: Sie stehen auf keinem festen Boden. Sie sind gar nicht tief verankert im Glauben. Denn Glauben heißt ja Vertrauen.

Es ist also überhaupt nicht egal, was man glaubt. Sondern es ist wichtig, dass ich mir erstens bewusst werde: Das, was mir meine Eltern mitgegeben haben, muss ich mir selber aneignen. Glaube ist ja keine Erziehungssache, ich muss es mir selber aneignen, und hoffentlich kommt ein Moment der Gnade, in dem mir aufgeht, dass das relativ vernünftig ist, was ich zu Hause gelernt habe. Oder aber dass es mir unvernünftig erscheint und ich dann einfach mal in anderen Glaubensrichtungen schaue, ob ich da mehr angesprochen werde. Es kommt letztlich darauf an, dass mein Herz in Stimmung gerät. Das ist das Wesentliche eines jeden Glaubens. Wenn man so will: Es ist wichtig, dass jeder Gläubige, egal in welcher Religion oder Weltanschauung, Herzenspflege betreibt. Herzenspflege bedeutet: jeden Tag sich infrage stellen. Das mag auch Leute überraschen: Der wirklich Gläubige ist immer der Zweifelnde. So wie der richtig Liebende auch immer der Zweifelnde ist. Wenn einen die Freundin fragt: „Liebst du mich?", und man darauf antwortet: „Ja, ich glaube auch genug", merkt man schon: Genug, das kennt der Glaubende nicht. Ein Glaubender ist immer ein Dürstender, ein Fragender ist immer einer, der eine gewisse Überraschungsbereitschaft hat. Und darum feiern wir Gottesdienste. Da kommt man zusammen und lässt sich immer wieder neu in Aufmerksamkeit schulen. Schulen in neuen Möglichkeiten des Denkens. Schulen in dem Miteinander von neuen Menschen, die man sich nicht ausgesucht hat. Bei einer Gebetsgruppe haben sich die Leute ja nicht gegenseitig ausgesucht.

Wer wirklich glaubt, der bleibt ein Fragender. Und auf die Frage „Gibt es den richtigen Glauben?" antworte ich am liebsten: „Nein, den gibt's nicht." Damit mir keiner sagt: „Ich habe den richtigen Glauben!" Wenn man mich nach meinem Glauben fragt, sage ich: „Ich bin überzeugt davon, dass ich berührt bin von diesem Jesus von Nazareth und dass er in mir spricht, und ich versuche, mit ihm aufmerksamer zu werden." Und wenn ein Muslim oder ein Jude aufmerksamer wird in seinem Beten und wenn ein Atheist in seinem Nachdenken ein Zweifelnder, Nachdenkender ist, dann ist mir das auch recht.

Man sieht also, der richtige Glaube ist eigentlich der, der das Nachdenken und die Ratio befördert, das Wissenschaftliche, den Erkenntnisweg – der mich sozusagen klüger macht.

Der wirklich Gläubige
ist immer der Zweifelnde.

Hat Gott für jeden Menschen einen Plan?

Wenn ich mich mit Gott sozusagen ins Gespräch begebe, frage ich mich ja manchmal: „Was hast du, Gott, eigentlich vor mit meinem Leben?" Dahinter steckt natürlich die Vorstellung, dass Gott einen Plan mit meinem Leben hat, dass er irgendwie eine Vorstellung hat, was aus meinem Leben werden könnte. Diese Vorstellung beruht darauf, dass ich gelernt habe, in den unterschiedlichsten Situationen meines Lebens den Blick zum Himmel zu erheben. In anderen Religionen bedeutet das vielleicht, in den Tempel zu gehen oder zu singen oder sonst was. Ich jedenfalls habe gelernt, den Blick zum Himmel zu erheben, als würde ich zu jemandem schauen, der in meinem Leben mit dabei ist, der eine Rolle spielt und der will, dass aus meinem Leben etwas wird.

Wenn ich dann zurückschaue, denke ich mir: „Ja, das ist ja wunderbar, was aus meinem Leben geworden ist. Wie das alles so zusammenhängt und dass ich dann das gemacht habe und den getroffen habe … Und dann vielleicht diese Musik gehört habe und dass ich dann zufälligerweise am richtigen Ort war, das ist ja wunderbar!" Und dann kommt es mir so vor, als würde in meinem Leben sich tatsächlich ein geheimnisvoller Plan entwickeln. Als würde Stück für Stück ein Mosaik zusammengesetzt werden. Wenn man die Stücke einzeln anguckt, kann man sie vielleicht gar nicht verstehen. Aber wenn man sie zusammengefügt hat, dann ergeben sie plötzlich einen Sinn. Dazu passt ein Satz, den ich mal gelesen habe und der mir sehr gut gefällt: „Der schwärzeste Stein in einem Mosaikbild bildet die Pupille des Menschen und verleiht dann diesem ganzen Gesicht seinen menschlichen Glanz." Das kleine Schwarze macht also das Ganze erst irgendwie menschlich. Das sind Bilder, die Menschen entwickelt haben, um sich zu sagen: Es gibt ein großes Ganzes meines Lebens; das wird glücken!

Hinter dieser Frage „Hat Gott für jeden Menschen einen Plan?" steckt eigentlich die Frage: „Glückt das Leben eines jeden Menschen?" Dann ist diese Frage für mich eine gute Frage. Wenn allerdings dahinter die Frage steht „Gibt es da oben irgendwo einen Plan und eine Art Marionettenspieler, der mal hier dran und mal da dran zieht, damit aus mir dann das wird, was der sich gedacht hat?", dann wird mir ziemlich unwohl. Auch unter den Theologen gibt es große Diskussionen: „Gibt es eine göttliche Vorsehung, die sich dann in jedem menschlichen Leben erfüllt?" Ich kann dazu nur sagen: Nein. Der Gott, an den ich glaube, ist nicht einer, der sozusagen ein Computerprogramm für mich entwickelt hat, das ich ablaufen lassen muss. Da habe ich eine andere Vorstellung. Ich glaube, dass die Entwicklung des Lebens in dieser Welt, die ja die Welt Gottes ist – denn es gibt ja nichts in dieser Welt, was er nicht geschaffen hätte –, dass alles, was in dieser Welt aus Gottes Hand kommt, dazu beitragen wird, dass aus mir ein ganzer Mann und ein ganzer Mensch wird. Und insofern hat Gott tatsächlich für jeden Menschen einen Plan.

„Wenn Menschen sich dann so entwickeln, dass sie der Gemeinschaft schaden und zu Bösewichten werden und so weiter, verwirklicht sich dann auch Gottes Plan?", mag der ein oder andere entgegnen. Ja, auch darauf gibt es eine Antwort, die ich im Judentum gelernt habe. Ich bin sehr dankbar dafür, dass es in meinem Leben eine Phase gab, in der ich gläubigen Juden etwas näher war. Das Judentum sagt eindeutig: Auch das Böse lebt von der Kraft Gottes, und Gott will mit dieser Kraft, die er auch dem Bösen gibt, diese Welt zum Guten hinführen. Eine erstaunliche Antwort! Also hat auch der böse Mensch einen Platz in dieser Welt. Was wäre diese Welt ohne all die bösen Menschen? Wäre sie dann eine bessere Welt? Oder hätte sie sich dann vielleicht gar nicht so gut entwickeln können? Das klingt sehr philosophisch, aber für mich kann die Frage „Hat Gott für jeden Menschen einen Plan?" deswegen eben nicht lauten: „Wird jeder von Gott geschnitzt – und ich bin halt jemand, der leider so geschnitzt wird?" Nein. Meine Vorstellung ist, dass Gott eigentlich jeden Menschen als seinen persönlichen Außenminister schafft. Damit bist du einer aus der Innenseite Gottes. Wenn ich Gott erkennen will, dann brauche ich nur dich anzugucken oder auch die Bäume, die Vögel, die Welt, die Umwelt. Sie alle teilen mir etwas mit aus der Innenseite Gottes, an der ich auch Anteil habe, in der ich kreativ gestaltet werden soll. Insofern: Gott hat tatsächlich für jeden Menschen einen Plan, aber das ist eine Art dialogischer Plan. Mir gefällt dieses Wort. Es ist etwas Dialogisches. Etwas Kreatives.

Wenn ich mit Menschen zusammenkomme und mit ihnen rede, dann gehe ich ja auch nicht auf sie zu und habe einen Plan. Du willst ja auch nicht, dass ich dir begegne und sage: „Ich habe einen Plan mit dir!" Sondern ich fange etwas an und denke mir: „Ich bin gespannt, was daraus wird. Deine Kreativität und meine Kreativität … ich weiß noch gar nicht, was daraus wird!" Oder stell dir vor, du findest eine tolle Freundin. Jetzt überlegst du dir: Will ich die heiraten? Und dann hast du einen Plan. Du heiratest sie, weil du einen Plan hast, der besagt: „Mit ihr will ich reich werden." Zwei Ich-AGs kommen zusammen, und daraus wird dann eine gemeinsame Wir-AG. Das kann ja nicht klappen, wenn ich mit einem anderen zusammen bin mit dem Hintergedanken, dass daraus etwas wird, was ich geplant habe.

Ich sage das auch als jemand, der betroffen ist. Ich hatte einen Vater, der durchaus seinen Plan mit mir hatte. Ich bin ja froh, dass Gott nicht so einen Plan mit mir hat, wie mein Vater den für mich hatte. Mein Vater hatte sich das genau vorgestellt, was aus mir werden sollte, und versuchte, mich dahingehend zu formen. Aus reiner Liebe, klar! Aber ich denke mir: Nein. Gottes Plan mit mir enthüllt sich in den Begegnungen, die ich wage. Und wenn ich eine Begegnung wage, dann kann ich mich sogar fragen: Gott, willst du eigentlich, dass ich jetzt dieses Buch schreibe? Dann höre ich nicht eine geheimnisvolle Stimme vom Himmel, die sagt: „Doch, Bruder Paulus! Schreib dieses Buch!" Sondern ich überlege: Passt das zu mir? Und dann merke ich: Ja, das passt zu mir. Dass ich etwas zu sagen habe, weiß ich. Dann will ich mich gerne für Menschen zur Verfügung stellen. Insofern sage ich „Ja" dazu, weil ich merke, dass ich mit diesem Buch niemandem schade. Ich möchte in Beziehung treten. Ich möchte Entwicklung fördern. Ich nutze das Kreativitätspotenzial von anderen Menschen, die es überhaupt erst möglich machen, dass du dieses Buch in den Händen hältst. Ich lebe verbunden – und das ist für mich wie eine Bestätigung: Ja, das ist im Plan Gottes. Und natürlich höre ich Störfeuer von Leuten, die dann sagen: „Ist das nicht auch Selbstdarstellung?" Und: „Machst du dich nicht wichtig?" Das muss ich mich schon selbst fragen. Aber das hat mit dem Plan Gottes nichts zu tun, sondern die Frage ist hier: Ist das egomanisch? Ist das eigentlich eben nicht mehr verbunden mit anderen, sondern mache ich das allein für mich?

Deshalb muss die Frage „Hat Gott für jeden Menschen einen Plan?" eigentlich lauten: „Wie glückt menschliches Leben?" Es glückt, wenn du zu dem stehst, was du kannst, und wenn du es einbringst, auch wenn du dafür nicht nur Applaus erntest. Wenn du damit den Menschen dienen willst, dass sie das Gute in sich entfalten können und sich wiederum neu für die anderen engagieren.

Gottes Plan ist eigentlich Shalom, das große alte israelische, jüdische Wort Shalom. Gottes Plan für den Menschen und für die Welt ist Shalom, ist Frieden. Und Frieden heißt nicht: „Ruhe in Frieden. Amen." Sondern Frieden heißt lebendiges Miteinander, Kreativität, Teilnehmen am schöpferischen Wirken Gottes, Teilnehmen daran, dass diese Welt gelingt.

> Gott hat für jeden Menschen einen Plan,
> aber das ist eine Art dialogischer Plan.

Gott liebt uns und möchte nur das Beste für uns. Warum ist das so schwer zu glauben?

Gott ist die Kraft, die mich kreiert hat, davon gehe ich aus. Und dass natürlich diese Kraft, die mich kreiert hat, bei mir ist, damit alles zum Besten wird, davon gehe ich auch aus. Allerdings habe ich ja nicht seinen Blick auf mein Leben, sondern ich habe immer nur meinen Blick. In meinen Entwicklungsschritten bleibt es nicht aus, dass da Schmerz, Schuld, Depression vorkommt. Da habe ich dann den Eindruck, dass ich alleingelassen bin. Dass die Kraft, die mich kreiert hat, mich sozusagen wie so eine Billardkugel ins Leben losgeschossen hat und sie mich einfach rollen lässt. Das ist ein Moment der Einsamkeit. Darum ist es so schwer zu glauben, dass Gott einfach das Beste für mich will, weil ich mit „Beste" natürlich gute Gefühle verbinde: Glücklichsein, Erfülltsein. Dann vergesse ich, dass natürlich zu meinem Besten auch gehört, dass ich geformt werden muss durch Dinge, die ich mir nicht ausgesucht habe, dass ich ein anderes Tempo erlebe als ich es mir wünsche. Dass es Störfaktoren gibt. Und deswegen ist es manchmal so schwer zu glauben, dass Gott wirklich das Beste für mich will.

Hinter dieser Enttäuschung, dass Gott nicht mein Bestes will, steckt natürlich eine Enttäuschung über Erwartungen ans Leben. Wer als Eltern erlebt hat, dass ein Kind gestorben ist – wer soll da glauben, dass Gott sein Bestes will? Wenn jemand eine Krebserkrankung geschickt bekommt oder eine Naturkatastrophe, da wird man ja nicht sagen: „Gott will jetzt hier mein Bestes." Und trotzdem widerspreche ich da auch. Denn die Botschaft der Bibel lautet: „Wenn ich auch im finsteren Tal bin, du, Gott, bist bei mir." Wir haben diese Zusage: „Du bist bei mir, mitten in dem, was für mich katastrophal ist; du bist bei mir als einer, der aufbaut; du bist bei mir als einer, der mir Schaffenskraft und Schöpferkraft gibt; du bist bei mir als einer, der mich Neues denken lässt, als ich noch dachte, das Alte bleibt so lange noch bestehen. Du bist einer, der mir ein Licht schenkt für eine Zukunft, die ich mir nicht ausgemalt habe." Das ist die Erfahrung des Glaubenden. Wenn ich an Gott denke, dann denke ich nicht so sehr an Einmachglas, als würde Gott mein Leben einwecken. Nein. Wenn ich an Gott denke, dann denke ich eigentlich an aufwecken, dann denke ich an aufstehen, Auferstehung. Dann denke ich an Neuwerdung, Anderswerdung, Verunsicherung. Für mich ist Spiritualität Glaube an Gott und an seinen unbedingten Willen, dass mir alles zum Besten gereicht. Das ist für mich eine Einladung, täglich neu kreativ zu werden und mich nicht zu fragen: Warum ist das jetzt wieder passiert?, sondern: Wozu geschieht das gerade? Ich gebe gerne zu, dass es sehr schwer ist, gerade wenn man emotional angegriffen ist. Ich bin Notfallseelsorger und gerate dann in Situationen, in denen die persönliche Welt von Menschen zusammengebrochen ist, und stehe ihnen bei. Von daher weiß ich, wie katastrophal das Leben mit Menschen spielen kann und sie dann gar nicht glauben können, dass dies ihnen jetzt zum Besten gereichen soll. Aber ich weiß eben aus dem Gespräch mit Menschen und auch aus meinem eigenen Leben, dass in den Momenten, in denen ich dachte: „Das hat keine Zukunft, das wird nix werden, dabei kommt nix raus, das ist ja furchtbar!", ich später gemerkt habe: „Daraus ist wirklich was geworden."

Ich denke oft an meine Gespräche mit Eltern von eingeschränkten Kindern, die mir erzählen, dass das natürlich eine Herausforderung war, dieses Kind anzunehmen in seiner Einschränkung, wie es eben ist, aber dass am Ende nach acht, zehn, zwölf Jahren sie schon sagen können, dass sie sehr viel mit ihrem Kind vom Leben gelernt haben. Sie haben etwas ganz anderes gelernt, als sie sich eigentlich vorgestellt haben, aber dass sie sehr glücklich darüber sind und dass Gott ihnen mit diesem Kind eine großartige Aufgabe gegeben hat. Und so können das viele Menschen erzählen, die viele Gründe hätten, zu sagen: „Also Gott und das Beste – das ist ja ein Widerspruch." Wenn sie nach einigen Jahren zurückgucken, erkennen sie, was alles dann doch nach diesen Lebenskatastrophen möglich geworden ist, dass sie dann doch einen Lobpreis anstimmen können. „Du hast mich herausgeholt aus dem Reich des Todes", heißt es im Buch der Psalmen, und für mich ist es eine ganz tiefe Gewissheit, dass alles, was geschieht, dass im Tiefsten darin eine kreative Kraft am Werk ist Richtung Auferstehung – trotz aller augenscheinlichen Zerstörung, die ich gerade sehe.

In allem, was geschieht,
ist eine kreative Kraft am Werk
Richtung Auferstehung –
trotz aller augenscheinlichen Zerstörung,
die ich gerade sehe.

Wie gehst du mit Zweifeln um?

Ich bin ja ein gläubiger katholischer Priester. Immer wieder kommen Leute zu mir und fragen mich: „Wie ist denn das mit Zweifeln? Zweifeln Sie nie?" Dann antworte ich immer: „Ja, na klar zweifle ich!" Ich glaube, dass der Zweifel sozusagen ein Partner des Glaubens ist, ein Partner der Hoffnung und der Liebe, weil wir nie genug lieben und nie genug hoffen und nie genug glauben. Und auch nicht richtig genug glauben, nicht richtig genug lieben, nicht richtig genug hoffen. Jeder, der wirklich glaubt, liebt und hofft, ist ja ständig im Zweifel. Wenn ich dich jetzt fragen würde: „Liebst du deine Frau/deinen Mann wirklich ganz? Liebst du sie/ihn wirklich genug?" Dann würdest du mir vermutlich sagen: „Ja, das weiß ich nicht so genau. Was heißt schon genug?" Und da geht der Zweifel schon los. Ich glaube, dass der Zweifel etwas ist, was wir willkommen heißen müssen. In einer Welt der Zahlen, Daten, Fakten, in der so getan wird, als könne man alles richtig messen und alles sicher sagen und ganz genau feststellen, brauchen wir so was wie einen methodischen Zweifel. Wir sollten es uns zur Methode machen, dass wir uns bei allem, was uns gesagt wird, fragen: Ist das wirklich so? Das frage ich mich bei den Dogmen der katholischen Kirche genauso wie bei den Dogmen der Atheisten und bei den Dogmen von Leuten, die mir sagen, dass irgendwas „ganz sicher" so sei. Wenn überhaupt etwas sicher ist, dann ist es, dass ich unsicher bin. Schon der Philosoph Seneca hat gesagt: „Ich weiß, dass ich nichts weiß."

Es ist wichtig, dass wir uns in der Grundhaltung üben, den Zweifel zuzulassen. Denn dazu braucht es eine Haltung. Und diese Haltung gefällt mir äußerst gut, auch wenn sie nicht sehr gesellschaftsfähig ist. Der Zweifel hat nämlich die Demut zum Vater. Die Demut, dass ich nicht allmächtig bin. Ich bin nicht allwissend. Ich bin auch nicht Gott. Ich bin keine Enzyklopädie, und ich bin auch keine Festplatte. Ich bin nicht Google, und ich kann einfach nicht alles wissen. Dadurch, dass ich nicht alles weiß, muss ich auch zweifeln an allem, was mir gesagt wird, weil ich dadurch auf dem Weg als Denkender bleibe. Dieser methodische Zweifel hilft mir, dass ich Schritte vorangehe. Und dass ich letztlich immer wieder neu den Dingen auf den Grund gehen will.

Giovanni Trapattoni, der ehemalige Trainer des FC Bayern München, hat einmal gesagt: „Ich habe fertig!" Ich habe fertig? Das sind mir ja die allerschlimmsten Leute. Die, die mit ihrem Atheismus fertig sind, die mit ihrem Glauben fertig sind, die so fest sind, dass sie immer an Gott glauben müssen.

Oder die von sich sagen: „Ich bin so atheistisch, dass ich auf jeden Fall nie mehr …" Die sollten mal schön die Kirche im Dorf lassen! Ich habe schon Atheisten Christen und Christen Atheisten werden sehen. Juden wurden Christen, Christen wurden Juden. Muslime wurden Atheisten, Atheisten wurden Muslime. Dass Menschen sich im Zweifel wieder ganz neu positionieren, hat's ja wohl schon immer gegeben. Und insofern ist für mich der Zweifel erst mal etwas ganz Wichtiges.

Aber natürlich gibt es auch einen anderen Aspekt: Zweifel ist etwas Bedrohliches. Ich kann ja nur schlecht Priester werden, wenn ich sage: Ich zweifle an Gott. Aber wie kann ich dann entschieden sein und trotzdem zweifeln? Oder: Ich heirate meine Partnerin – da muss ich ja schon sehr sicher sein, dass das die Richtige ist. Wenn ich das auch bezweifle, kann ich mich dann überhaupt richtig entscheiden? Tatsächlich ist es so, dass der Zweifel etwas ist, was in gewisser Weise eine Gefährdung unserer Sicherheit mit sich bringt – was vielleicht sogar dazu führt, dass wir uns gar nicht entscheiden wollen, weil wir immer etwas zum Zweifeln haben. Und da möchte ich dich beruhigen: Wir Menschen können Entscheidungen treffen, aber sie sind vorläufig. Ich bin mit ganzem Herzen und ganzer Seele Kapuziner und Priester geworden. Mit neunzehn habe ich angefangen und mit siebenundzwanzig war ich Priester. Aber ich habe schon so viele Höhen und Tiefen erlebt und hatte schon so viele Zweifel, ob das alles wohl richtig ist. Jetzt bin ich einundsechzig, und wenn ich mir so angucke, wie ich lebe und glaube, frage ich mich immer wieder: Ist das denn eigentlich noch der richtige Weg? Mache ich das eigentlich richtig? Sollte ich nicht noch was anderes machen? Ich mache ja auch Podcasts; das ist auch wieder ein Zweifel. Und ich frage mich: Habe ich bis jetzt eigentlich den richtigen Weg gefunden, auch im Hinblick auf andere Leute? Deswegen sage ich dir: Die Zweifel brauchst du, damit du wachsen kannst.

Es gibt ja nicht nur diese grundlegenden Zweifel: Ist das der richtige Mensch für mich? Ist der Glaube richtig? Es gibt auch die kleinen Zweifel: Ist eigentlich meine Art, wie ich seit zwanzig Jahren meine Hobbys gestalte, überhaupt noch so angesagt? Ich kenne Karikaturen von Golfspielern, die sich mit siebenundsiebzig noch übers Grün schleppen, weil sie denken, sie sind noch fünfundsiebzig. Da kann ich nur sagen: „Leute, ihr habt was verpasst!" Oder Menschen, die denken, sie seien noch die Jogger schlechthin. Da denke ich: „Seht ihr eure Wampe eigentlich nicht, die ihr vor euch hertragt? Ihr solltet eine andere Form von Sport machen."

Ich wünsche vielen Leuten eine etwas größere Form von Zweifel über sich selber. Manche sollten zum Beispiel mal zweifeln, ob man noch Weihnachten richtig feiert. Ich finde solche Zweifel wichtig. Oder wie man Sex miteinander hat. Da sollte man ruhig mal ein bisschen mehr dran zweifeln, weil es sein könnte, dass die Partnerin oder der Partner einem schon längst mal was sagen wollte …

Der Zweifel öffnet die Tür zum Gespräch. Vielleicht sollte ein Firmeninhaber – um noch ein anderes Beispiel zu nennen – mal öfter dran zweifeln, ob das noch richtig ist, mit 65 im Sattel sitzen zu wollen, oder ob es nicht besser wäre, endlich mal seinen Geschäftsführer, den er seit fünf Jahren hat, mit ein bisschen mehr Verantwortung auszustatten. Ich finde, solche Zweifel sind notwendig, damit wir Schritte im Leben tun und uns voranentwickeln. Wir brauchen den Zweifel, damit wir Türen öffnen für neue Entwicklungen, damit wir kreativ werden und auch Menschen neu in unser Leben lassen.

Dieses Loblied auf den Zweifel singe ich wirklich gerne, auch mit dir jetzt ganz persönlich. Wie wäre es, wenn du im Moment mal daran zweifelst, ob das richtig ist, was du gerade machst. Wo liest du gerade dieses Buch? Ist es richtig, dass du dir jetzt diese Zeit nimmst? Oder solltest du vielleicht etwas anderes lesen? Du kannst ja auch mal daran zweifeln, ob das richtig ist, diese ganzen Fragen in diesem Buch lesen zu wollen. Und dann musst du dich wieder neu entscheiden. So geht das auch mit anderen Lebensbereichen. Was isst du eigentlich so? Du kannst ruhig mal daran zweifeln, ob deine Essgewohnheiten noch in Ordnung sind. Oder was liest du? Hast du letztens mal in der Zeitung gelesen? Wann hast du den letzten ganzen Zeitungsartikel gelesen? Oder liest du nur noch Schlagzeilen?

Es gibt so viele Lebensbereiche, in denen wir den Zweifel brauchen, damit wir vorankommen. Noch einmal zum ganz grundlegenden Zweifel: Meine Grund-Lebensentscheidung, ob die wohl richtig war, braucht immer wieder diesen Zweifel. Meine Erfahrung ist: Es führt mich dann dieser Zweifel immer wieder neu zu den wenigen Punkten meines Lebens, an denen mir klar geworden ist, wozu ich auf Erden bin. Warum ich diesen Weg im Leben gehen soll. Dabei handelt es sich vielleicht um drei, vier Minuten. Drei, vier Minuten der Erleuchtung, in denen ich gesagt habe: „Wow, das ist es!" Falls du verheiratet bist und an deine Frau bzw. deinen Mann denkst: Da gab es doch bestimmt einen Moment, in dem dir klar wurde: „Die/Der ist es!" Oder als du dich entschieden hast: „Das Studium will ich machen!" Du kannst siebenundzwanzig Bücher gewälzt haben, aber am Ende war es ein Abend, eine Nacht, ein Gespräch, eine E-Mail – irgendetwas, wodurch du den Schalter umgelegt und gesagt hast: „Das mache ich jetzt!" Komm wieder zu diesen Momenten zurück.

Zu den Momenten, in denen du dich ganz mit dir einig gefühlt und du gemerkt hast, dass diese Einigkeit über jeden Zweifel erhaben ist.

Es ist wichtig,
dass wir uns in der Grundhaltung üben,
den Zweifel zuzulassen.
Denn dazu braucht es eine Haltung.

Wann hat dich Gott zum letzten Mal enttäuscht?

Gott ist eigentlich immer eine Enttäuschung für mich. Bitte nicht erschrecken, wenn ich das jetzt so sage. Es ist aber ja auch eine ganz alte theologische Weisheit, dass Gott immer größer ist: Deus semper major – Gott ist immer größer. Das heißt, er enttäuscht mich eigentlich immer! Denke ich von ihm irgendwas, ist es immer schon verkehrt, weil es immer noch was Größeres zu denken gibt. Ich bin immer wieder in der Auseinandersetzung mit Gott dazu gerufen, dass ich mit ihm auf dem Weg bin, um in dieser Welt zu wachsen und mich neu von ihm infrage stellen zu lassen. Und am meisten bin ich eigentlich enttäuscht in meinem Glauben, wenn ich darin superzufrieden bin.

Die Frage „Wann hat Gott mich enttäuscht?" führt mich dahin, dass ich jetzt überlege: Habe ich überhaupt Erwartungen an Gott, die er enttäuschen könnte? Ja, die habe ich natürlich! Selbstverständlich habe ich Erwartungen an Gott. Jetzt mal so ganz als Mensch: Ich habe die Erwartung, dass ich ewig lebe. Na, super Erwartung! Und die Erwartung, dass ich nie krank werde. Und wenn ich dann krank werde, bin ich dann enttäuscht von Gott? Oder ich habe die Erwartung, dass alle Beziehungen glücken – dafür ist Gott zuständig. Und wenn mal eine Beziehung nicht glückt, dann bin ich von Gott enttäuscht? Nein, dann bin ich nicht enttäuscht von Gott, sondern dann bin ich enttäuscht von einzelnen Menschen. Das darf ich ja. Aber ich bin nicht enttäuscht von Gott, denn ich erwarte gar nicht von ihm, dass er dieser Mich-immer-und-überall-Glücklichmacher sein muss, sondern dass er jemand ist, der mich in all diesen Enttäuschungen, die ich erlebe, begleitet und führt. Das verbinde ich eher mit dem Wort Enttäuschung im Zusammenhang mit Gott.

Ich glaube, dass die Frage „Was erwarte ich von Gott?" sehr viel damit zu tun hat, wie ich erzogen worden bin und ob ich bereit war, aus einem kindlichen, vielleicht auch kindischen Denken auszusteigen – nämlich aus dem Denken: Papa/Mama kann alles! Ein kleines Kind ist davon überzeugt, dass Papa alles kann. Papa ist allmächtig. Und Mama ist auch allmächtig. Aber Kinder müssen ja da rauswachsen. Sie müssen lernen: Mama ist nicht allmächtig. Mama lügt auch. Papa lügt auch – die sind gar nicht so heilig, wie ich das bis jetzt gedacht habe. Das sind ja menschliche Enttäuschungen, und es gehört mit zum Erwachsenwerden, dass ich lerne, hier auf Erden gibt es wohl keine endgültig Heiligen.

Wenn ich natürlich so kindisch von Gott denke, dass der so groß ist, wie ich mir das vorstelle, und dass er ein Reparaturmeister ist, wie ich mir das vorstelle, und ein Marionettenspieler, wie ich mir das vorstelle, und da nicht rausgewachsen bin, ist es natürlich schwierig. Dann übertrage ich an Gott alle meine Heilssehnsüchte. Die werden in meinem Leben nicht erfüllt, sie werden in keinem Leben erfüllt. Und dann bin ich enttäuscht von Gott. Ich nehme das ernst, dass Menschen bei diesem etwas primitiven Denken tatsächlich stehen geblieben sind. Sie denken den ganzen Tag nicht an Gott, aber sobald irgendetwas passiert ist, was gegen ihren Strich geht, dann fangen sie an zu beten oder sich zu fragen: Warum ist mir das passiert? Man kann sich auch mal fragen: Warum ist mir das so lange nicht passiert, sondern erst jetzt? Aber darauf kommen die wenigsten.

Wann hat mich Gott zum letzten Mal enttäuscht? Diese Frage lässt mich wirklich nachdenken. Ich muss hinzufügen, dass Gott gerne für mich eine Ent-Täuschung sein darf – weil ich das Wort Ent-Täuschung durchaus positiv sehe. Ich werde nämlich von einer Täuschung wieder weggeholt, die ich vielleicht gehabt habe. Und da muss ich lernen, dass auch Gott immer der ganz andere ist, der mich aufruft und einlädt, größer und anders von ihm zu denken. Das ist kein Spaziergang.

Jesus zum Beispiel wird ja auch immer so dargestellt als der super Jesus. Dabei war er das gar nicht, er hat auch seine Zweifelstunden gehabt, in denen er mit Gott gerungen hat. Auf dem Berg, so heißt es, hat er tagelang gebetet, sich zurückgezogen. Er ist in die Einsamkeit gegangen, weil er sich wohl auch einsam fühlte und nicht wusste: „Wohin soll die Reise jetzt eigentlich gehen? Das ist alles ganz anders, als ich mir das vorgestellt hatte." Auch Jesus musste mit Enttäuschungen im Leben fertig werden. Die große Frage ist doch: Können Enttäuschungen im Leben ein Grund dafür sein, dass ich von Gott enttäuscht bin? Im Evangelium und in den heiligen Schriften – nicht nur in den christlichen, sondern in denen aller Religionen – lese ich Anleitungen für Menschen mit ihrer überbordenden Erwartung an das Leben und was es alles bringen muss, wie sie sich in die Spiritualität begeben und dort lernen, die eigenen Erwartungen zu zügeln. Diese Erwartungen, diese wilden Vorstellungen vom Leben zu domestizieren – und sie runterzuholen auf den Boden der Tatsachen.

Von daher ist die Frage, ob Gott mich enttäuscht hat, eine interessante Frage, weil ich immer wieder zu dem Punkt komme: Nein, Gott enttäuscht mich nicht, sondern das Leben ent-täuscht mich und zeigt mir sein wahres Gesicht. Ja, so ist das Leben eben. „Unter jedem Dach ein Ach", überall gibt es Leid, überall gibt es Kreuz, es gibt keine gerade Entwicklung, da kann man ruhig siebenundzwanzig Ratgeberbücher gelesen haben, ob und wie man zu einem guten und gelungenen Leben finden kann …

Wir müssen uns tatsächlich immer neu wieder aufmachen, zu suchen, zu fragen, Antworten zu finden, um dann wieder zu neuen Ufern aufzubrechen. Der Glaube an Gott ist für mich eher eine Einladung. Aber das bedeutet nicht, dass da einer ist, der meine Erwartungen erfüllt und dann könnte der mich enttäuschen, sondern ich denke eher so: Dieser Gott, an den ich glaube, ist ein Gott, der mich einlädt, aufzubrechen und mich zu fragen: Kann ich nicht doch noch mehr? Wozu ist mein Leben eigentlich da? Wohin soll es führen? Und gerade in den Situationen, in denen ich am meisten enttäuscht bin vom Leben und von Gott – vielleicht auch, weil ich im Moment wieder denke: „Du bist doch dafür zuständig, Gott, dass alles in Ordnung ist, und jetzt ist hier so eine Unordnung! Was ist das für ein Salat?" –, kann ich in einer Gebetssituation, in der ernsten Auseinandersetzung wieder hinfinden zu diesem Gott, dem ich vertrauen will. Ich will wieder vertrauen, dass er auch in den größten Tiefschlägen meines Lebens bei mir ist, damit ich aufstehe, aufbreche und wieder Neues anfangen kann.

Deswegen ist für mich die Frage, ob ich von Gott enttäuscht bin und wann ich das letzte Mal von ihm enttäuscht wurde, vor allem eine Einladung, mich zu fragen, wann ich aufgehört habe, zu hoffen, dass mein Leben noch bunter werden kann. Dass mein Leben noch mehr werden kann, noch größer werden kann, und da fällt mir leider nichts dazu ein, muss ich ganz ehrlich sagen. Ich hatte schon mal eine Zeit, in der ich dachte: Jetzt reicht's! Ich dachte schon, ich lande in einer Depression, und irgendwie finde ich nicht mehr den Weg dahin, zu denken, dass alles wieder normal werden wird. Ich war in einer echt negativen Phase, aber ich habe in keiner Weise gedacht: „Gott hat mich jetzt enttäuscht!" Ich war eher von mir enttäuscht. Obwohl ich doch so ein trainierter, frommer Mann bin, habe ich es nicht geschafft, eine Form des Betens und Klagens zu finden, die mich in dieser dunklen Phase meines Denkens wieder neu aufgerichtet hat.

Für mich ist die Frage nach der Enttäuschung eine Frage, ob ich bereit bin, die Wahrheit neu zu suchen und neu wieder in den Blick zu nehmen. Und sollte Gott mich einmal enttäuschen, dann werde ich das immer als Aufgabe nehmen, mich zu fragen: Was habe ich noch nicht richtig gesehen? Offensichtlich habe ich mich getäuscht in meiner Erwartung an Gott. Und vielleicht denke ich manchmal: Gott hat sich auch getäuscht in seiner Erwartung an mich. Wo ist er von mir ent-täuscht?

> Für mich ist die Frage,
> ob ich von Gott enttäuscht bin und
> wann ich das letzte Mal von ihm enttäuscht wurde,
> vor allem eine Einladung, mich zu fragen,
> wann ich aufgehört habe, zu hoffen,
> dass mein Leben noch bunter werden kann.

Wann hast du zum letzten Mal gesündigt?

Das werde ich natürlich auch manchmal gefragt von Menschen, die denken, dass ich durch die Gegend laufe und sage: „Niemand darf sündigen" und „Keiner soll sündigen" und „Ihr müsst alle sehr gut sein". Sie haben den erhobenen Zeigefinger vor Augen, wie man das so von der Kirche gewohnt ist, und denken sich: „Der ist ja ein engelsgleicher Mönch, der im Kloster lebt und so mit Gott verbunden ist, dass er bestimmt nicht mehr sündigt – eine Art Superheiliger." Wenn das die Einstellung ist, die hinter dieser Frage steckt, dann sind die Menschen alle schief gewickelt!

Ein Mönch, ein Bruder, ein Christenmensch oder wer auch immer ist ja nicht einer, der nicht sündigt, sondern er ist einer, der sozusagen mit seiner Sünde was anfangen kann. Das will ich ein bisschen erklären.

Fangen wir mal damit an: Was ist eigentlich eine Sünde? Wenn man sich das Wort „Sünde" anschaut, dann verwende ich gerne eine Erklärung, die ich mal gelesen habe: Das Wort „Sünde" komme von „absondern". Absondern – oder sagen wir mal: etwas Besonderes sein. Etwas Besonderes sein, und am besten noch auf Kosten aller, auf Kosten der Natur, auf Kosten der Mitmenschen, auf Kosten derer, mit denen ich verbunden bin. Da schäle ich mich sozusagen heraus und will dann etwas Be-sonderes sein. Ich möchte in der Klasse die besten Noten kriegen – wenn ich eine Lösung habe, dann teile ich die nicht mit jemandem, sondern nutze sie nur für mich, dann bin ich der Beste! Gegen die anderen! Oder ich habe ein besonderes Schnäppchen in der Stadt gefunden; das sage ich keinem, da gehe nur ich hin! Und zwar immer! Immer mache ich alles nur für mich. Ich will etwas Besonderes sein auf Kosten anderer. Und dieses ganze Gequatsche kennst du natürlich auch: „Haste schon gehört? Haste gehört, der hat das und das gemacht ..." Ich weiß mehr als der andere und will etwas Besonderes sein auf Kosten anderer. Das kann man so weiter buchstabieren, sich absondern aus dem, was erlaubt und nicht erlaubt ist. Keiner darf stehlen, aber ich kann ja ruhig mal einen Kaugummi aus dem Laden mitnehmen, macht ja nix, fällt ja nicht auf. Ich setze Regeln außer Kraft. Ich bin ein Sünder oder eine Sünderin, wenn ich der Versuchung nicht widerstehen kann, wenn ich das, was ich eingesehen habe, was richtig ist, bewusst nicht tun will, weil ich denke: Ich bin ja hier die Ausnahme. Ein Beispiel: Auf der Autobahn müssen alle 130 fahren, aber ich darf 160 fahren, weil ich ja schneller am Ziel sein muss als alle anderen. Man gibt sich quasi eine Art Ausnahmegenehmigung.

Wann ich zum letzten Mal gesündigt habe und was Besonderes sein wollte? Vielleicht beim Schreiben dieser Zeilen? Während du das hier liest, muss ich mir überlegen: Warum mache ich das eigentlich? Ja, ich mache das natürlich, weil ich das toll finde. Es entsteht ein Buch, das alle lesen wollen, und dann finden alle mich toll. Alle reden von mir und finden das Buch toll. Dann bin ich wieder ganz vorne dran! Du merkst: Das wäre doch eine ziemlich sündige Einstellung. Und ich gebe zu: Manchmal habe ich die sogar! Diese Energie, nach vorne zu gehen und stark zu sein, ist sozusagen etwas, was zu mir gehört. Von daher sündige ich natürlich jetzt hier nicht die ganze Zeit, während ich schreibe, aber ich muss mir immer überlegen: Ist das mein Wille, dich zu erreichen, mache ich das um meinetwillen, weil ich hoffe, dass du nachher noch ein Buch von mir kaufst oder dass du von mir sprichst und mich dann jemand für einen Vortrag bucht, der teuer bezahlt wird … Dann würde ich dich ja missbrauchen. Dann würde ich sündigen. Aber wenn ich sage: Nein, ich nehme mir die Zeit, setze mich hin und möchte ganz bewusst dir ins Herz sprechen, weil ich glaube, dass Gott mich dazu gerufen hat – ja, ich spreche von Gott, ich bin ein Gläubiger. Er hat mich dazu gerufen, ein Außenminister seiner Liebe zu sein für diese Welt und in diese Welt etwas hineinzusagen, was nur ich sagen kann, und er hat die Menschen schon alle vorbereitet, die etwas von mir lesen oder mich hören. Dann ist dies der Moment, in dem Gott selber uns jetzt gerade zusammengebracht hat – davon bin ich fest überzeugt. Versuch das ruhig mal einen Moment lang zu glauben, dass jetzt in dir etwas passieren soll, was durch mich passieren soll. Und ich möchte mich dir zur Verfügung stellen. Absichtslos, denn ich will ja niemanden manipulieren. Dann wäre das kein Sündigen mehr.

Die Frage, wann ich zuletzt gesündigt habe, ist ganz interessant, denn das kommt eigentlich jeden Tag vor. Jeden Tag laufe ich Gefahr, dass ich die Dinge, die ich tue, nicht – wie das Evangelium sagt – reinen Herzens tue. Dass ich sozusagen nicht ehrlich unterwegs bin. Es gibt sogar Leute, die gehen jeden Sonntag zur Kirche und sündigen jedes Mal, weil sie nicht zur Kirche gehen und Gottesdienst feiern, um Gott zu verherrlichen, ihn zu loben und zu preisen, sondern weil sie dadurch in den Himmel kommen wollen, weil sie dadurch weniger krank werden wollen, weil sie was weiß ich was davon haben wollen. Und so gibt es durchaus in allen Lebensbereichen die Gefahr, dass wir die schönsten und besten Dinge unseres Lebens nicht um ihrer selbst willen tun, weil sie schön sind, weil sie gut sind, weil sie dem Ganzen dienen, weil sie das Menschsein, die Schöpfung fördern, sondern weil wir uns damit persönlich etwas in die Tasche schaffen wollen, das wir für uns alleine haben wollen. Dass es eine gesunde Konkurrenz gibt und eine gesunde Form von Ich-zeige-meine-Kraft-und-bringe-die-ein-in-den-Markt-der-Meinungen und Ich-guck-mal-ob-ich-besser-bin-als-der-andere, ist ja in Ordnung. Das Wort concurrere heißt ja „zusammenlaufen". Zusammenlaufen auf dem Markt mit den Fähigkeiten, die man hat und den anderen dabei hoffentlich nicht erschlägt, sondern sich auch freut, wenn der etwas besser kann als ich. Dann kann der das eben besser, dann muss ich wieder etwas anderes suchen. Das ist mit Sündigen nicht gemeint. Sündigen heißt: Ich bin rücksichtslos, das heißt, ich schaue nicht zurück, ich schau nur nach vorne, und ich schaue auch nicht zur Seite, ich mache es um meiner selbst willen. Und darum ist die Frage, wann ich das letzte Mal gesündigt habe, eine für mich jeden Abend in der Gewissenserforschung wichtige Frage: Das, was ich heute getan habe, ist das wirklich reinen Herzens geschehen, oder habe ich vielleicht einen Mitbruder missbraucht, damit ich besser nach vorne komme? Habe ich gepredigt, damit ich Applaus kriege? Habe ich die E-Mail wirklich geschrieben, weil ich herzlich dem anderen zugewandt war? Oder bin ich nur mir selbst zur Feier unterwegs? Das ist ein schönes Wort von Rainer Maria Rilke in seiner Gedichtsammlung: „mir selbst zur Feier". Das wäre tatsächlich sündigen.

Das schlimmste Sündigen wäre ja, dass ich mich dir als gläubiger Mensch präsentiere und in meinem Herzen würde ich gar nicht an Gott glauben. Dass ich einfach nur so tue, als ob ich so bin, wie ich bin. Und ich lasse das alle Menschen glauben. Vielleicht kennst du das bei dir selbst auch. Deshalb sage ich jetzt ein Trostwort für dich und für mich: Ein bisschen sündigen darf sein. Du musst gar nicht ausnahmslos grundehrlich sein. Wer kann das denn? Du gehst in die Schule oder zum Arbeitsplatz und musst halt ein schönes Gesicht machen, da kannst du ja nicht jedem erzählen, wie es dir wirklich geht, da würde man ja verrückt werden! Und wenn du dann nach Hause gingest und müsstest dir sagen: „Ach, heute bin ich aber nicht ganz ehrlich gewesen", dann bist du halt nicht ganz ehrlich gewesen! Vielleicht bin ich auch viel zu katholisch, dass ich mir sage, dafür gibt's ja die Beichte und die Sündenvergebung. Die ist nicht dafür da, dass ich ein Tralala-Leben führen kann. Sondern dass wir in unserem Leben auf Kurs bleiben und klug sind, wie Jesus sagt. Wir sollen klug sein. Wir sollen in unserem Tun tatsächlich angemessen handeln. Diskret handeln, und insofern bin ich kritisch bei all diesen Wahrheitsfanatikern und den Sünden-frei-Fanatikern – „Wir müssen alle ohne Sünde leben" –; also ich kann das nicht. Und ehrlich gesagt will ich es auch gar nicht! Weil ich sonst den ganzen Tag in Hab-Acht-Stellung verbringen müsste: Ist das gerade eine Sünde oder ist es keine? Da würde ich ja verrückt werden. Insofern habe ich wahrscheinlich auch heute schon wieder gesündigt.

Jeden Tag laufe ich Gefahr,
dass ich die Dinge, die ich tue, nicht
– wie das Evangelium sagt –
reinen Herzens tue.
Dass ich sozusagen nicht ehrlich unterwegs bin.

Du glaubst an Gott.
Glaubst du auch an den Teufel?

Der größte Sieg des Teufels, so sagen einige Leute, sei ja, dass man nicht mehr an ihn glaubt. Das finde ich eine schöne Formulierung. Was finde ich gut daran? Ich glaube, dass wir die Kraft des Bösen unterschätzen. Ich glaube nun nicht an jemanden mit Pferdeschweif und mit Hörnern und Hufen, der durch die Gegend trampelt, aber ich glaube gleichwohl, dass Gott in der Welt des Guten, die er geschaffen hat, offensichtlich auch die Möglichkeit des Bösen eingebaut hat. Das ist eine der Fragen, die ich ihm stellen werde, wenn ich ihn mal sehen sollte: Warum ist das so? Ich glaube, dass wir viel persönlicher mit dem Bösen rechnen müssen, als wir das gemeinhin tun.

Jetzt erzähle ich mal, wie ich diesen Teufel erfahre. Wir haben alle ein Smartphone, und mit dem Smartphone kann man alles machen. Das ist ja gerade das Schlimme, dass man damit alles machen kann. Das Smartphone ist geradezu in unsere Hände gelegt als Spielzeug, auch des Teufels. Damit kann man Himmlisches machen, gar keine Frage! Aber man kann damit auch sehr viel Zeit vertun, die man sinnvoller mit anderen Menschen verbracht hätte. Und man kann mit dem Smartphone Dinge tun, die vielleicht so sind, dass sie die Seele verderben – das ist ja wohl unbestritten. Die größten Nutznießer davon sitzen in der Industrie, das weiß auch wahrscheinlich jeder. Vor allem die Pornoindustrie ist vom Smartphone geradezu begeistert. Was man sich da alles schnell angucken und kaufen und mit wem man chatten kann. Wie viel Untreue damit schon in Beziehungen gebracht wurde! Da muss ich einfach sagen: Ja, den Teufel scheint es wirklich zu geben.

Also eine klare Kraft, die uns vom Kurs abbringen will. Ein Beispiel: Du fährst auf eine Ampel zu, die auf Gelb springt – und was machst du jetzt? Gibst du Gas oder nicht? Wenn Leute ein teures Auto haben mit vielen PS, dann geben sie Gas – viele reizen das aus bis zum Geht-nicht-mehr. Und wenn man nachher fragt: „Warum hast du das gemacht?" – „Ja, weiß ich nicht." Ja, weiß ich nicht?! Da würde ich mal sagen, dass dir das Böse etwas eingeflüstert hat. Du hast dich selber wie Gott gesehen. Das ist ja das, was Teufel meint, denn Diabolos, so heißt das auf Lateinisch, ist der Durcheinanderbringer, und der hat dich durcheinandergebracht. Du wusstest noch, dass du ein Mensch bist, und jetzt hast du einen Moment lang mal das Gefühl, wie Gott sein zu können. Und wenn du glaubst, du könntest sein wie Gott, dann tust du im Grunde genommen nichts anderes, als die Gebote außer Kraft zu setzen. Denn du bist ja Gott, also musst du dich nicht an alles halten. Du bist die berühmte Ausnahme von der Regel. Alle müssen treu sein, du jetzt mal grad nicht! Alle sollen aufrichtig sein in der Steuererklärung – du sagst nicht alles!

Bei all diesen Dingen, bei denen wir sagen „Wir sind wie Gott", und wenn wir das Knie nicht beugen vor Gott, vor den Werten, vor dem, was wirklich wahrhaftig ist, vor dem, was wir uns wünschen, was doch in dieser Welt auch regieren soll, zum Beispiel Frieden – wenn wir in dieser Welt, in der wir leben, offensichtlich durcheinandergebracht werden, da müssen wir uns fragen: Ist das der Teufel? Auf den ersten Seiten der Bibel flüstert eine Schlange: „Musst du dich wirklich an das halten, an das du dich halten sollst? Hm?" Und dann machen wir plötzlich Sachen, bei denen wir uns fremdbestimmt fühlen. Als würde ein Marionettenspieler uns zu etwas führen, was wir eigentlich nicht wollen.

Ich glaube natürlich nicht an den Teufel als eine Art Wider-Gott. Ich glaube nicht, dass es neben Gott eine andere Kraft geben kann, die so ist wie er. Aber ich glaube daran, dass es dieses große Geheimnis gibt – oder wie immer ich das nennen will –, dass es einen Teufel gibt, und zwar in Gott. Genauso wie es eine Hölle gibt, allerdings im Himmel. Eine Hölle als einen Ort, wo Menschen sind, die es einfach ablehnen, mit anderen in Gemeinschaft sein zu wollen. Die lauter Auto-Mobile sind, also Automaten – Selbstläufer, die von sich behaupten: „Ich habe mich selbst geschaffen, meine Karriere ist meine eigene Leistung, meine Frau habe ich mir ausgesucht, die Kinder sind mein Eigentum." Na, super! Da können alle sofort in die Hölle gehen.

Die Hölle ist ein Ort – oder besser ein Zustand – von fortwährender Egomanie. Und selbst wenn Gott dann sagt: „Äh, könntest du vielleicht auf meine Liebe antworten?", erwidern die Menschen: „Brauche ich nicht, habe ich schon." Von daher ist für mich dieses Leben als religiöser und spiritueller Mensch ein Leben, das mir immer wieder deutlich sagt: Es gibt so etwas wie Versuchungen, die mich von dem wirklichen, wahren Weg abbringen. Und insofern spreche ich klar und deutlich vom Teufel.

„Widersagst du dem Satan und all seinen Versuchungen?", heißt eine Frage bei der Taufe. Und die Antwort heißt: „Ich widersage." Und dieses Widersagen scheint mir etwas zu sein, was wir in unserer Gesellschaft vielleicht wieder neu lernen müssen. Wir müssen neu lernen, dass wir „Nein" sagen müssen. Dass Freiheit eben nicht nur heißt: „Ja, das erlaube ich mir! Das kann ich! Ich bin ein freier Mensch, und ich kann dies tun und das tun." Nein, das ist ja nicht die ganze Freiheit. Die ganze Freiheit ist, dass du eben auch sagst: „Ich bin so frei, das will ich nicht! Ich bin so frei, das mache ich nicht! Ich bin so frei, da gehe ich nicht hin! Ich bin so frei, das abonniere ich nicht! Ich bin so frei, dass ich dem widersage, was jetzt in mir anklopft an Versuchung von Untreue, Unglauben, Hass und ich weiß nicht was alles."

Vielleicht müssen wir in unserer Gesellschaft auch öffentlicher und in Gesprächen ganz neu darüber reden, wozu wir eigentlich mal „Nein" sagen wollen. In diesem Zusammenhang gefällt mir sehr gut die Formulierung „Keine Toleranz den Intoleranten!" Natürlich nicht. Wir müssen auch mal „Nein" sagen. Wir machen nicht überall mit, wir sagen nicht alles, wir bieten dem Teufel Paroli. Wir lassen uns nicht zu allem und jedem Schnickschnack einladen. Ich schalte den Verstand ein und überprüfe, ob das auch richtig ist, was mir da angeboten wird, ob das auch wirklich der Menschheit dient, ob das die Gemeinschaft voranbringt, ob das meiner körperlichen Gesundheit dient. Wir stellen uns ethische Fragen, und der Teufel tut ja nun alles, dass wir uns solche Fragen nicht stellen.

Manchmal überlege ich mir auch: Wo ist der Teufel denn besonders am Werk? Und da möchte ich zwei Dinge nennen. Das eine ist diese Sehnsucht danach, dass alle Sonntage Einkaufssonntage sein müssen. Was das mit dem Teufel zu tun hat? Ein Teufel will natürlich, dass wir nicht nachdenken, ob das alles sinnvoll ist, was wir einkaufen, ob wir das wirklich alles brauchen. Der möchte gerne, dass wir fressen, saufen, huren bis zum Geht-nicht-mehr – und er will uns da einfach durcheinanderbringen. Insofern ist der Teufel daran interessiert, dass es keine Ruhetage gibt.

Da können wir gleich zu den Medien rüberschwenken. Ich bin ja schon so alt, dass ich noch weiß, dass es ein Funkzeichen im Fernsehen gab. Da war ab 23 Uhr Sendeschluss. Heute darf's ja keinen Sendeschluss geben. Auf den Abspann des Spielfilms, der zu Ende ist, folgt schon gleich der Anfang eines neuen Films, damit wir ja nix unterbrechen. Damit wir bloß nicht in eine Ruhepause reinkommen.

Der Teufel braucht auf jeden Fall einen wachen Geist. Und es gibt den Teufel – ja, es gibt diese ganz persönliche Versuchung, nicht mehr das zu tun, was ich eigentlich wollte, wofür ich angetreten bin. Da trampelt mir dann jemand in der Seele herum, als hätte er Teufelsfüße – und dann weiß ich am nächsten Tag nicht: Wie konnte ich das denn gestern eigentlich nur denken, machen, sagen und tun? Ich wurde mir selbst entfremdet! Diese Mächte gibt es. Unsere Aufgabe ist es, auch mal „Nein" zu sagen und zu versuchen, dem Bösen keinen Raum in unserem Leben zu geben.

> Es gibt den Teufel – ja,
> es gibt diese ganz persönliche Versuchung,
> nicht mehr das zu tun, was ich eigentlich wollte,
> wofür ich angetreten bin.

Wie werde ich im Glauben demütiger?

Was ist das denn eigentlich für eine Frage? Wenn ich die höre, dann bekomme ich schon Zustände, weil ich mir vorstelle, das eine Glaubenserziehung dahintersteckt, die sagt: „Du musst dich auf jeden Fall im Glauben für schlecht halten, weil du ja ein total Sünder bist. Du musst dich auf jeden Fall für unvollkommen halten, weil du ja gar kein Heiliger bist. Und wenn du einen richtigen Glauben haben willst, dann darfst du sowieso nie zweifeln!"

Wie werde ich im Glauben demütiger? Ehrlich gesagt habe ich mir diese Frage noch nie gestellt, weil ich eigentlich finde, dass man im Glauben mutiger werden soll. Und wenn De-Mut wirklich einen Sinn haben soll, dann muss es Dien-Mut heißen. Mut zum Dienen mit all dem, was du kannst. Mit ganzer Seele, ganzer Kraft sollst du dien-mutiger werden. Und dien-mutiger heißt nicht unterwerfungsfreudiger. Und schon gar nicht: Think small! Nein, nein. Im Glauben geht es nicht darum, demütiger zu werden im Sinne von Verkleinerung, sondern es geht darum, ein Gottesbewusstsein zu haben. Nicht ein Ich-Bewusstsein, sondern ein Du-Bewusstsein. Du, Gott, hast mich geschaffen und du machst mich groß und du hast Spaß daran, wenn ich auferstehe. Insofern wäre eine sinnvolle Antwort auf die Frage „Wie werde ich im Glauben demütiger?": Indem du dir jeden Tag neu bewusst machst, dass nicht du es bist, der lebt, sondern dass Christus in dir lebt. Das sage ich jetzt mal ganz christenbewusst. Ich kann es auch leichter sagen: Nicht du lebst, sondern du lebst durch all die Lebendigen und all das Lebendige, was um dich herum ist. Du bist kein Auto-mobil. Ein Auto-mobil ist ein Gefährt, das aus sich heraus fährt. Aber Menschen sind keine Auto-mobile, sie sind nicht Selbst-bewegende. Sie sind immer Du-Bewegte. Gott-Bewegte. „Auf dich hin, Gott, hast du mich erschaffen und unruhig ist unser Herz, bis es ruht in dir", sagt der heilige Augustinus.

Von daher ist die Frage „Wie werde ich demütiger im Glauben?" eigentlich die Frage: „Wie werde ich stärker im Glauben?" Denn der wahre Demütige im Glauben ist einer, der sich von Gott her sieht und von Gott her auftritt. Ein Mensch trat auf. Sein Name war Johannes. Wow! Ich kann mir Johannes nicht vorstellen als jemanden, der ein graues Entlein in der Wüste war und sagte: „Kommt mal alle bitte zu mir und bekehrt euch jetzt alle bitte" – so wie man sich einen demütigen Ordensbruder vorstellt. Äh, Entschuldigung – das ist Quatsch!

Leider ist in der Kirche dieses Demutsmodell sehr stark vorangetrieben worden durch einen Mann, der aus Kempen kam – ein Niederrheiner, kaum vorzustellen –: Thomas a Kempis hat mit seiner Nachfolge Christi tatsächlich Generationen von Christen mit einer pessimistischen Spiritualitätslehre dahin gebracht, dass sie am Ende nur noch schlecht von sich dachten und sagten: „Ich habe mich nicht genug gedemütigt", „Ich war nicht demütig genug". Wenn das Bekenntnis heißt: „Ich war zu egoistisch" – ja, wunderbar! Wenn es das heißt, dann ist alles in Ordnung. Aber wenn es heißt: „Ich habe meiner Oberin widersprochen", dann kann ich nur sagen: Herzlichen Glückwunsch! Oder wenn Jugendliche mir sagen: „Ich habe eine schwere Sünde getan, ich habe meinen Eltern nicht gehorcht", dann kann ich nur sagen: Herzlichen Glückwunsch! Es ist nicht deine Aufgabe, deinen Eltern in allem zu gehorchen, sondern du sollst hinhorchen, was sie dir sagen, und dann, gehorsam dem Willen Gottes gegenüber, zu deiner eigenen Erkenntnis kommen und hoffentlich alles tun, dass dein Handeln nicht aus einem Trotz gespeist wird, sondern aus dem Willen, das Richtige und Gute zu verwirklichen.

Das ist demütig.

„Selig, die um der Wahrheit willen und der Gerechtigkeit willen Verfolgung erleiden", sagt Jesus. Den heiligen Franziskus von Assisi kann ich mir nun überhaupt nicht vorstellen als jemanden, der die Klappe hielt. Oder als jemanden, der unterm Tisch saß und sagte: „Jetzt bin ich aber superdemütig!" Franziskus von Assisi war jemand, der selbstbewusst, klar und deutlich durchs Leben ging. Er war so eine Autorität und so demütig, dass er Gott in sich eine Autorität hat sein lassen. Er war so demütig, dass er zugelassen hat, dass Gott aus ihm heraus gesprochen hat. Dadurch ist er bis heute ein bewunderter Heiliger.

Auf die Frage „Wie kann ich demütiger werden im Glauben?" würde ich dir ganz deutlich antworten: Du wirst demütiger, wenn du dir darüber klar bist, dass du mit reichen Gaben beschenkt bist. Dann entsteht aus dieser Demut eine Pflicht, diese Gaben auch einzusetzen. Wenn du sie nicht einsetzt, wenn du nicht so deutlich und klar auftrittst, wie du es kannst, sondern sagst: „Ich sag lieber nix, ich zieh mich lieber zurück", dann ist das eben nicht demütig und dann versündigst du dich an deinen Gaben und Möglichkeiten.

Ich glaube, dass wir wenig Angst haben müssen, dass wir vor Gott zu groß sind. Denn Gott ist immer größer. Er hat Spaß daran, wenn wir wachsen und unsere Meinungen sagen, sie infrage stellen lassen, sie diskutieren, einbringen, uns nicht aus der Kommunikation herausbewegen. Ein demütiger Mensch, der ein gottbewusster Mensch ist, ist einer, der Lust darauf hat, sich und seine Meinungen ins Gespräch zu bringen, sich infrage stellen zu lassen. Das ist eine Art Kampfbereitschaft für die Wahrheit, eine Lust, neue Erkenntnisse gewinnen zu wollen.

Nicht demütig im Glauben sind all diejenigen, die sozusagen im Guten verhärtet sind und mir dann sagen: „Ich weiß schon, was ich machen muss. Ich weiß schon, was richtig ist."

Da merke ich schnell: Das sind Ideologien. Das sind gelernte Formeln, gelernte Riten, die hohl geworden sind, weil sie den Lebenstest nicht bestehen dürfen. Weil die Anfragen, die aus dem wahren Leben an solche leeren Floskeln kommen, nicht demütig angenommen werden – stattdessen verteidigt man das, was man immer schon getan, immer schon geglaubt, immer schon für richtig gehalten hat; das verteidigt man gegen alle Angriffe des Bösen.

Wer sich also wirklich diese Frage stellt: „Wie kann ich im Glauben demütiger werden?", dem kann ich nur den Satz von Alfred Delp, einem Priester, der von den Nazi-Schergen umgebracht wurde, sagen: „Die Gebärde des freien Menschen ist das gebeugte Knie." Wer also vor Gott das Knie beugt, der steht vor den Menschen auf. Und ich glaube, das ist eine Übung wert. Damit ist gemeint: Wenn du zur Arbeit gehst, in der Familie mit Menschen sprichst, wenn du durchs Leben gehst, dann sag demütig „Ja" zu deiner Klarheit, zu der Wahrheit, in der du leben willst, und verbieg dich nicht und lass dich nicht ins Bockshorn jagen, sondern leiste deinen Beitrag, sodass Gott und dein Glaube an Gott in die Welt hineinstrahlen – durch dich, den Demütigen, der nicht aus sich selber heraus strahlt, sondern der diese Strahlen aufnimmt und sie dann fröhlich auf dieser göttlichen Welle immer neu in die Welt hineinsendet.

Denn der wahre Demütige im Glauben ist einer,
der sich von Gott her sieht
und von Gott her auftritt.

IV.
MENSCH UND MITEINANDER

Wie kann ich meine Beziehung wieder beleben?

Der größte Krisenfall im menschlichen Leben ist ja, dass man sich verliebt. Plötzlich muss man Kaninchenzüchten oder Surfen schön finden. Plötzlich muss man seine Zeit neu organisieren. Die Beziehung zu einem Partner ist das Schönste, was man hat, denn der reißt ja Türen auf: „Wow, habe ich gar nicht gedacht, dass ich das auch kann und dass ich das auch sehe!" Der geliebte Mensch ist der goldene Schlüssel zu einer Herzenskammer, die mir bis jetzt verschlossen geblieben ist, das ist einfach etwas ganz Wunderbares.

Genauso ist es, wenn Kinder geboren werden – das ist letztlich auch ein großer Krisenfall: Plötzlich kann man nicht mehr ins Kino gehen, man kann nicht mehr verreisen, wie man will, man muss nachts wach werden und alles Mögliche. Es ist ja nicht nur schön mit den Kindern. Es ist auch nicht nur schön ohne Kinder, aber es ist eben auch mit Kindern durchaus krisenhaft.

Die Beziehung, die ich dann aufbaue, ist eine Beziehung des ständigen Arbeitens an dem eigenen Ich. „Der Mensch wird am Du zum Ich", sagt der jüdische Religionsphilosoph Martin Buber. In der Beziehung werde ich ständig verwandelt, weil der andere auch ständig verwandelt wird durch das, was er erlebt. Wir gehen ja keinen Tag als der Gleiche aus dem Tag, als der wir in den Tag hineingegangen sind, denn auch die Beziehung zur Welt, zu Gott, zu unseren Denkmustern wird ständig hinterfragt und stellt mich ständig infrage. Von daher zielt die Frage „Wie kann ich eine Beziehung lebendig erhalten?" darauf ab, dass man dieses Veränderungsprozesses müde werden kann. Dass man sich einfach sagt: „Muss ich jetzt schon wieder etwas Neues machen?" Und: „Muss ich mich jetzt schon wieder auf etwas Neues einlassen?" Dann schleicht sich etwas ein, was wir aus der katholischen Kirche ganz gut kennen. Die katholische Kirche hat ihre Beziehung zu Gott, zu Jesus Christus, zum Heiligen Geist in Riten gegossen – weil das so eine anstrengende Beziehung ist, die einen ständig herausfordert. Deshalb gibt es Gottesdienste und Zeichenhandlungen, die das ausdrücken, was der Wert dieser Beziehung eigentlich ist. So ein Ritus ist wie eine Art Gefäß, in dem das Heilige aufbewahrt wird. Das gibt es ja in jeder Beziehung. Zum Beispiel der Auf-Wiedersehens-Kuss – „Ciao, auf Wiedersehen, Schatz!" und „Guten Tag, Schatz!". Selbst Streicheln, selbst bis in die Sexualität hinein gibt es Riten, die man dann eben so macht, weil man sie machen muss und weil sie auch mal schön waren und weil sie einen Inhalt zum Ausdruck gebracht haben. Zum Hochzeitstag bringt man noch einen Blumenstrauß mit, aber es kann schon sein, dass sich nach Jahren etwas einschleicht wie: „Ja, das ist ja auch eigentlich immer das Gleiche!" So wie Leute sagen: „Ich gehe nie zur Kirche, weil das ja immer das Gleiche ist", so sagen auch manche: „Ich treffe mich mit dem nicht mehr, das ist ja immer das Gleiche. Der bestellt immer das gleiche Bier, immer den gleichen Schnaps, und es gibt immer das gleiche Essen, und der Abend läuft immer gleich ab. Warum soll ich das eigentlich machen?" Oder: „Warum soll ich mit meiner Frau schon wieder spazieren gehen? Ich weiß eh schon, über welche Themen sie redet, und ich weiß eh schon, was am Ende wieder für eine Klage dabei rauskommt." Und dann hält man es am Ende nur noch mit dem anderen aus.

Ich sage deutlich: Das gilt ja nicht nur für die Beziehung mit einem Partner, sondern auch mit den Kindern, mit der Welt, in der man lebt, mit der Stadt, in der man lebt, dass man sich irgendwie eingerichtet hat und man dann mitläuft. Man wird letztlich zu einem Maschinenmenschen. Ich nenne das gerne eine Maschinenbeziehung. Da drückt man auf einen Knopf, und dann kommt das raus, dann drückt man auf einen anderen Knopf, dann kommt das raus. Und gerade Leute, die sehr, sehr verliebt sind und sich sehr, sehr lieben, merken ja auch, dass man ein kleines Teufelchen in der Seele hat, dass man dem Partner nichts Böses tun will, ihn nicht verletzen will, aber da man ihn sehr genau kennt, drückt man mal gern auf so ein Knöpfchen, dass der andere wie ein Männchen aus der Kiste springt und dann einfach losschreit. Kinder sind besonders gut darin, die Eltern so zu erwischen, um dann einen emotionalen Aufruhr zu verursachen – um die Beziehung wieder interessant zu machen. Mal Mama von einer anderen Seite kennenzulernen. Den Papa mal richtig kennenzulernen, wenn er sich nicht so im Griff hat, wenn der einfach mal aus der Haut fährt. Dann sieht man den noch mal ganz anders.

Das alles ist natürlich blöd, wenn es zwischendurch und unerwartet kommt. Wenn der Fluss plätschert – das Wasser immer seichter wird: „Ja, ich liebe meine Frau. Ja, ich liebe meine Kinder. Jetzt kommt schon wieder Weihnachten, jetzt kommt schon wieder Ostern … Jetzt kommt schon wieder dieser Schmuck und jener Schmuck, und bei uns ist das so … Im Garten wird das gepflanzt und dies gepflanzt …" Da kommt ein Alltagstrott in eine Beziehung hinein, die dann auch ein tödliches Gift sein kann, weil man sich sagt: Es funktioniert ja. Und wenn es funktioniert, warum soll ich dann eigentlich immer wieder über Grundsätzliches reden, und warum soll ich da Neues reinbringen? Dann kann es tatsächlich zu einer Lethargie kommen, die Beziehungen am

Ende vergiftet. Der Grieche nennt dieses Gift die Melancholia: „Ach, war das früher schön! Früher, da waren wir ja noch kreativ, und da war ja noch alles toll!" Man verklärt die Vergangenheit, guckt sich Hochzeitsfotos an und die Fotos von den ersten Reisen, und man tut im Gespräch darüber sehr begeistert, aber im Herzen – sitzt plötzlich so ein schwarzes Gift, das einem sagt: „Es ist auch eigentlich nicht mehr das, was es mal war!"

Was kann man da tun? Zum einen: Ich als Ordensmann liebe ja die Riten. Für mich sind Riten überhaupt nicht leer. Ich habe gelernt, diese Riten immer wieder neu zu befüllen und mit Emotionen zu versehen. Mit den Emotionen, die eigentlich dazugehören. Deshalb gehört es zum Ritus einer guten Beziehung, dass man die Gedenktage achtet. Nicht nur den Geburtstag, sondern vielleicht auch den Tag, an dem man zum ersten Mal gemerkt hat: „Ja, du bist es!" Dann kann man diesen Tag heilig halten und diesen Tag so einplanen, dass man auch mal zur Quelle geht und sich zum Beispiel zwei Stunden Zeit nimmt, um sich zu sagen: „So, wir machen jetzt einfach mal unseren zweistündigen Beziehungs-Erfrischungs-Spaziergang oder unser Beziehungs-Erfrischungs-Abendessen, bei dem wir uns gegenseitig in dem Vertrauen, das wir zueinander haben, auch mal sagen: Was war eigentlich schwierig die letzten Monate? Und was hätte ich dir schon mal ganz gerne gesagt, aber ich dachte, dass ich dich damit nicht aufregen und verletzen will, sodass ich es runtergeschluckt habe?" Das ist ein guter Zeitpunkt, sich Zeit zu nehmen, in der man wieder wahrhaftiger wird.

Der erste Schritt zu einer lebendigen Beziehung ist, dass ich mich wieder traue, wahrhaftiger zu werden und einfach meinen Partner, meine Kinder oder auch die Freunde, die ich habe, nicht anschaue nach dem Motto: „Die sind so wie alle und jeder hat eine Frau, jeder hat Kinder, jeder hat Freunde", sondern: „Du bist was ganz Spezielles. Und an das, was du Spezielles für mich bist, will ich mich mit dir erinnern. Und weil ich mich mit dir daran erinnere, sage ich dir auch, worüber ich traurig bin, dass das nicht gelungen ist, was ich mir mit dir zusammen vorgenommen habe. Dass ich dir nicht gesagt habe, dass es mich nervt, dass du jeden Abend deine Mutter anrufst." Oder: „Jede Woche musst du mit unseren Kindern skypen und zoomen und ohne das geht's gar nicht, als gäbe es mich gar nicht." Oder: „Dass du deine Großmutter eigentlich nur zweimal im Jahr besuchst, halte ich jetzt schon fünf Jahre aus, aber jetzt muss ich's dir auch einfach mal sagen!"

Du merkst schon: Die Beziehungen, die seicht und flach werden und die sich schon fast halbtot anfühlen, sind Beziehungen, in denen ich nicht die Wahrheit sagen konnte. Ich habe schon an anderer Stelle gesagt: Die Liebe hat zwei Geschwister: die Wahrheit und die Gerechtigkeit. Und deshalb muss man manchmal auch darüber reden, dass sich einer der Partner nicht traut, dieses oder jenes Thema anzusprechen. Vielleicht auch noch als kleiner Tipp: Wenn du es ansprichst, kannst du ruhig dabei sagen: „Wir müssen auch nicht heute darüber sprechen, aber ich will das zumindest mal in unseren gemeinsamen Gesprächskorb legen, damit wir das nicht vergessen und irgendwann auch angehen."

Beziehungen werden vertieft, wenn wir die Gedenktage halten, also feste Termine halten, an denen wir eine Révision de vie machen -- so sagt der Franzose –, an denen wir noch einmal zurückblicken: Was war eigentlich und was soll werden?

Und etwas Zweites noch: Du und dein Partner oder dein Freund oder deine Kinder, macht euch noch mal klar: Ihr seid keine Automaten. Es muss nächstes Weihnachten nicht so sein wie letztes Jahr. Es muss nächstes Jahr Ostern nicht so sein wie letztes Jahr. Ihr dürft auch kreativ sein, es darf auch einmal ganz anders sein. Und vielleicht ist auch in deinem Wohnzimmer mal eine Veränderung angesagt. Der Schrank muss nicht die nächsten fünfzehn Jahre immer an dieser Stelle stehen und es muss auch die Ordnung im Schlafzimmer, im Schrank oder auf der Kommode nicht immer so sein. Man darf auch mal sagen: Wir tun jetzt so, als seien wir neu eingezogen! Ich habe mir sagen lassen, dass ein Umzug von einem Ort zum anderen durchaus Beziehungen sehr, sehr belasten kann, weil man plötzlich über Sachen sprechen muss, über die man seit zehn Jahren nicht gesprochen hat: Welche Farbe hat die Tapete? Sollen wir dieses Geländer oder jenes Geländer nehmen? Wie wird der neue Garten sein? Man kommt aber auch auf neue Themen, die man gemeinsam entdecken kann. Das Internet ist voll von interessanten Filmen und Podcasts. Macht doch mal einen Filmabend und sprecht dann über den Film. Holt euch frische Gedanken in euer Leben. Lest Bücher und dann erzählt einander, was ihr gelesen habt und was euch angesprochen hat. Ihr werdet merken: Eure Beziehung ist viel lebendiger geworden.

Beziehungen werden vertieft,
wenn wir die Gedenktage halten,
an denen wir noch einmal zurückblicken:
Was war eigentlich und was soll werden?

Meine Beziehung steckt in einer tiefen Krise. Wie macht man richtig Schluss?

Als Seelsorger bin ich öfter mit Menschen zusammen, die sich überlegen, ob das mit der Partnerschaft eigentlich noch so weitergehen kann, wie sie sie gerade leben, und die darüber nachdenken: Wie könnte ich mich jetzt gut von meiner Partnerin oder von meinem Partner trennen? Vielleicht wunderst du dich jetzt und denkst: „Da kommen die ausgerechnet zu einem Priester? Der hat ja davon überhaupt keine Ahnung!" Ja, das kann schon sein. Aber dadurch, dass ich viele Trennungsgeschichten kenne und einen gewissen Außenblick habe, habe ich doch so manchen Tipp bereit für Menschen, die sich überlegen, ob sie sich trennen wollen.

Das gibt es übrigens nicht nur in einer Partnerschaft. Wenn Leute in eine Ehe hineingehen, dann müssen sie sich ja auch trennen – zum Beispiel von Papa und Mama. Ich kenne wenige Leute, die vor der Eheschließung mal mit den Eltern und Schwiegereltern ein ordentliches Gespräch darüber führen, dass jetzt etwas Neues anfängt. Und dass nicht die alten Geschichten einfach so weitergehen. Sich von seinen Eltern zu trennen, um dann in einer neuen Rolle wieder zu ihnen zu gehen, scheint mir etwas ganz, ganz Wichtiges zu sein. Bis dahin, dass man vor einer Eheschließung, vor der Gründung einer Familie, mit den Eltern und den Geschwistern vereinbart: Lasst uns mal die nächsten drei Jahre ausprobieren, wie Weihnachten geht. Darüber könnte man schon im Juli reden. Zum Beispiel könnte das frischgebackene Ehepaar nicht mit Sack und Pack zu Mama und Papa fahren, sondern es feiert sein Weihnachten und trifft sich mit den Geschwistern vielleicht in der ersten Januarwoche. Dann könnte man noch überlegen, wer Weihnachten zu den Eltern geht.

Ich lade sehr dazu ein: Wenn man Lebensabschnitte anfängt, sollte man die Trennungen, die damit verbunden sind, ganz ehrlich besprechen. Ich habe zum Beispiel schon erlebt, wenn Partnerschaften anfangen, dass die Freundin mit ihrer besten Freundin nicht bespricht, was das jetzt für diese Freundschaft bedeutet. Da kann man eben nicht mehr so oft telefonieren, sich nicht mehr so oft sehen. Es geschieht ja eine Veränderung. Deshalb glaube ich, dass Trennungen sehr, sehr wichtig sind, damit auch wieder neue Dinge anfangen können.

Aber jetzt zu der Trennung von Partnern. Einer der Gründe, warum Partner sich trennen, ist zum Beispiel, weil sie alte Trennungen nicht ordentlich gelebt haben. Weil Mama und Papa ständig reingeredet haben, weil man es nicht erträgt, dass „der Clan" irgendwelche Ansprüche hat, und man denkt: „Haben die nicht begriffen, dass ich was Neues anfangen will mit meinem Partner / meiner Partnerin?" Viele Gründe für Trennungen sind nicht gelebte und nicht vollzogene Trennungen von früher. Von früher!

Wie kann ich mich gut trennen? Das eine ist, dass ich mir mal ganz grundsätzlich überlege, was eigentlich Liebe ist. Ich komme darauf noch später zurück, aber hier schon mal ein erster Gedanke: Liebe ist eigentlich nicht so sehr ein Gefühl, sondern Liebe geht einher mit zwei Geschwistern, nämlich mit der Wahrheit und mit der Gerechtigkeit. Wenn in einer Partnerschaft, in der von Liebe die Rede ist, nicht mehr Wesentliches gesagt werden kann („Das kann ich ja meiner Freundin nicht zumuten ..." – „Wenn ich ihm das sage, wird er sauer ..." – „Wenn ich das jetzt andeute, dann hat das ja die und die Konsequenzen, und da will ich lieber gar nicht dran denken!"), wenn ich anfange, in einer Partnerschaft Sachen nicht mehr zu sagen und die Wahrheit nicht mehr auf den Tisch zu legen, dann ist das schon ein Riss.

Zweitens braucht es in der Liebe die Gerechtigkeit. Wenn einer ständig aus dem Haus ist und der andere immer zu Hause ist, dann stimmt irgendwas nicht. Wenn einer ständig telefoniert und der andere nicht, stimmt auch was nicht. Wenn der eine ständig mit Facebook und anderen sozialen Medien beschäftigt ist und der andere darf das nicht, kann das nicht, macht das nicht, dann muss man sich einfach fragen: Ist das gerecht?

Liebe braucht die Wahrheit und die Gerechtigkeit. Und wo beides nicht mehr gelebt werden kann, ist die Partnerschaft schon zu Ende. Ich gehe also davon aus, dass man sich nicht vom anderen „trennt", sondern man vollzieht einfach das, was sowieso schon da ist. Man ist schon getrennt. Und vielleicht war man auch noch nie zusammen? In der katholischen Ehelehre gibt's tatsächlich die Rede von der Ehe, die gültig ist, wenn zwei wirklich einander geheiratet haben – und offensichtlich gibt's auch so etwas wie Fake News bei der Ehe: Man sagt sich alles Mögliche, meint es aber gar nicht so. Also war man noch nie zusammen.

Wie trenne ich mich also richtig? Indem ich mir klar werde, was eigentlich los ist. Und indem ich das zu Wort bringe und bereit bin – und jetzt wird's ein bisschen haarig, es kommt jetzt ein kleines Schreck-Wort –, wie ein Chirurg auch mal einen Schnitt zu setzen und wehzutun. Eine Liebe, die nicht bereit ist, wehzutun, ist wie ein Chirurg, der nicht schneiden will. Und das hilft manchmal nicht und ist auch kontraindiziert. Man sollte durchaus mal einen Schnitt setzen und deutlich sagen: „Bis hierhin und nicht weiter. Und wie ist das für dich, dass ich das so sage?"

Noch einmal: Wie trenne ich mich richtig? Erstens, indem ich versuche, sehr klar und deutlich dem anderen zu sagen: „Du bist es mir wert, dass ich dir sage, was ich fühle. Du bist es mir wert, dass ich dir sage, wie ich die Sache sehe. Das will ich dir sagen." Und indem ich sage, dass der andere es mir wert ist, wertschätze ich den anderen – und es gehört mit zu einer guten Trennung, dass die Wertschätzung bleibt. Außerdem: Ich sage es dem anderen liebevoll. Liebe ist kein Gefühl, sondern Liebe ist eine Entscheidung, dass ich den Standpunkt der Selbstsucht verlasse und mich wirklich in den anderen hineinversetze. Aber auch mich wertschätze. Darum sage ich dem anderen: „Du bist es mir wert, dass ich dir sage, was gerade Sache ist."

Zweitens: „Ich sage dir, es ist meine Perspektive auf die Dinge – ich offenbare dir meine Beschränktheit, aber ich kann es ja nicht anders, als es so zu sagen." Und als Drittes sage ich: „Ich merke einfach, dass es mir schwerfällt, weiter mit dir dieses Leben zu teilen. Ich will es auch nicht mehr. Ich will es einfach nicht mehr." Und das zu benennen, darüber zu sprechen, was das an Schmerz bedeutet, woher das kommt, scheint mir zu einer guten Trennung auf jeden Fall dazuzugehören. Dann sind die Dinge klar.

Falls du solche Trennungsgedanken hegst oder falls du Leute kennst, die sich von anderen trennen wollen: Es kann hilfreich sein, tatsächlich in dieser Situation zu einer Eheberatung zu gehen. Eheberatungsstellen sind ja nicht nur für die anderen, es gibt sie auch für dich. Du kannst dich da anmelden, auch wenn für dich die Sache schon klar ist. Du kannst ruhig zusammen mit deinem Partner / deiner Partnerin dorthin gehen, damit ihr miteinander eure Trennung gut klären könnt und damit es klar und deutlich ist und ihr spürt, dass ihr in Verantwortung füreinander euch trennen müsst. Und trennen wollt. Dass das gar nicht anders geht.

Viele Trennungsgründe sind von außen betrachtet Gründe, die vielleicht auch ein bisschen mehr Versöhnungsbereitschaft verdient gehabt hätten. Ich glaube, dass sich viele zu früh trennen. Weil es Traumbilder vom anderen gibt, wie der zu sein hätte, und Vorstellungen, was passiert, wenn zwei zusammen sind, und dann kann ich dies und dann kann ich das … Wenn zwei Leute zusammenkommen und als zwei Ich-AGs aufeinandertreffen, funktioniert das nicht. Das wird nie und nimmer eine gute GmbH, die miteinander arbeiten kann. Von daher glaube ich, dass über Trennung nachzudenken und sich gut zu trennen auch gehört, sich zu sagen, dass man die eigenen Wünsche an den anderen nicht zähmen konnte. Man konnte das eigene Wünschen ans Leben nicht zähmen.

Ich bin sehr dafür, dass Trennungen, wenn sie denn getan werden, nicht so getan werden, dass man ständig sagt: „Du hast … du musst … du sollst … du sollst auf jeden Fall … weil du nicht …" Nein, nein, nein! Bleib bitte bei dir, dann wirst du dich umso besser vom anderen trennen können, wenn du zu dem stehst, was du in deinem Herzen empfindest und dem anderen das mitteilst nach diesem schönen Motto: „Du bist es mir wert, dass ich dir sage, wie es mir gerade mit dir und mit uns geht."

Liebe ist kein Gefühl,
sondern Liebe ist eine Entscheidung,
dass ich den Standpunkt der Selbstsucht verlasse
und mich wirklich in den anderen hineinversetze.
Aber auch mich wertschätze.

Was zeichnet Freundschaft aus?

Teilhard de Chardin, ein Zisterzienser aus dem 13. Jahrhundert, hat ein ganz großartiges Buch über die Freundschaft geschrieben. Und dort schreibt er im ersten Kapitel, dass der Freund der „Kenner des eigenen Herzens" ist, mit dem man gemeinsam in die gleiche Richtung blickt. Das wiederhole ich noch mal, weil's so schön ist: Der Freund ist der Kenner des eigenen Herzens, mit dem man in die gleiche Richtung blickt. Der Freund ist nicht mein Partner – die Partner gucken sich an, verlieben sich, bilden ein Paar, eine Partnerschaft, wunderbar. Sie teilen Intimität – Freunde werden nicht miteinander intim. Freunde sind die Kenner des Herzens des anderen und schauen in eine gemeinsame Richtung. Das sind sehr wertvolle Menschen.
Ich habe in meinem Leben drei Freunde. Die kennen mein Herz. Mit denen spreche ich gar nicht immer. Mit dem einen mehr, mit dem anderen weniger. Zur wahren Freundschaft gehört es, dass ich an den anderen keine Erwartungen habe für mein eigenes Leben, dass ich von ihm nichts will, dass er mich nicht bereichern muss, sondern dass ich in ihm einen Resonanzraum habe, in dem ich mich in einer Weise klingen höre wie sonst gar nicht. Und dieses Klingen verhallt, weil ja die Freunde dann wieder ihres Weges gehen, in ihr eigenes Leben hinein, nachdem wir vielleicht miteinander gesprochen, einen Spaziergang gemacht, uns ausgetauscht haben. Zur wahren Freundschaft gehört die Distanz, die Nicht-Intimität, der gemeinsame Blick nach vorne. Ich bin nicht dein Partner, sondern ich bin deine Freundin, ich bin dein Freund.

Vielleicht wählt Jesus auch deswegen dieses Wort, wenn er zu seinen Jüngern sagt: *„Ich habe euch Freunde genannt"*

(Johannes 15,15). Denn die Freunde wissen, was ihr Herr tut. Ich weiß einfach, wie mein Freund tickt, wie er handelt, was der tut. Er kann es einfach tun, und ich kann ihn dabei lassen, ohne dass unsere Freundschaft dadurch belastet wird. Denn wir haben ein Grundverständnis in der Tiefe unseres Herzens.

„Ein Freund ist der Kenner meines Herzens, und wir schauen gemeinsam in die gleiche Richtung." Darum braucht eine Freundschaft ihre Riten, und zwar hat jede Freundschaft ihre eigenen Riten. Ich nenne mal einige: Es gibt Freundschaften, die brauchen einfach die Regelmäßigkeit. Alle zwei Monate ein Telefonat. Alle zwei Monate ein Brief. Es gibt Freundschaften, die brauchen die Unregelmäßigkeit: „Ach, schön, dass du mich gerade anrufst!" oder „Ach, ist ja toll, dass du an mich gedacht hast!" Das ist eine Überraschungsfreundschaft. So geht das auch.

Es gibt Freundschaften, die leben von Symbolen: Ich schicke dem Freund etwas, von dem nur er versteht, warum ich es ihm schicke. Und ich erhalte von ihm im Gegenzug einen Gegenstand, der bei mir auf dem Schreibtisch steht, an der Wand hängt, vielleicht im Portemonnaie ist. Ich blicke darauf und spüre in meinem Herzen eine Wärme, dass da einer mit mir auf dem Weg ist. Der Freund ist der Kenner meines Herzens – weil wir auf Distanz sind, kann ich ihm auch etwas anvertrauen. Mehr anvertrauen, als ich dem Lebenspartner anvertraue, mehr anvertrauen, als ich der Ehefrau, dem Ehemann anvertraue. Ich kann mit ihm in einer Weise intim sein, die über alle Intimität hinausgeht, die ich mit dem eigentlichen Intimpartner habe.

Ein Freund ist so eine Art Wunder an der Seite meines Lebens, weil ich mit ihm bedenken kann, wie mein Leben ist.

Überleg mal, wer ist deine Freundin oder dein Freund – hast du überhaupt eine/n? Wer ist dein bester Freund, deine beste Freundin? Wenn du dich an sie wendest und mit ihnen zusammen bist, dann ist das, als würdest du jemanden an deiner Seite haben, der deine Seele mit Wachstumsmitteln gießt. Bei einem Freund kannst du aufatmen, ohne dass du dich verstellen musst. Freunde sind Menschen, die durch die Rollen hindurchgucken können, die man im Leben zu spielen hat. Bei denen man sich hinsetzt und ich ich selber sein kann. Eine Freundin/ein Freund ist deswegen so etwas wie eine Art Sinnerhalter im Leben.

Ich kann mich gut erinnern, dass eine Freundin in einer tiefen Lebenskrise steckte und ich drauf und dran war, mir zu überlegen: „Muss ich jetzt aus meinem Kloster austreten und anfangen, im Leben dieser Freundin ihr Lebenserhalter zu werden? Ich muss ja schließlich für sie ganz da sein und alles für sie geben." Wir haben dann darüber gesprochen. Sie sagte: „Nein, nein. Du bist mein Freund, und was ich im Leben auch zu bestehen habe, du bist mir freundschaftlich zur Seite, aber ich brauche von dir weder materiell noch sonst wie eine Unterstützung – außer dass du da bist. Ich möchte nur, dass ich zu dir hingehen und sozusagen aus meiner Not heraustreten und mich zu dir setzen kann. Einfach so, ohne viele Worte."

Ich muss nicht viele Worte machen. Freundschaft zu pflegen, den Kenner seines Herzens zu pflegen und gemeinsam in die gleiche Richtung zu schauen – am Ende ist die schönste Freundschaftspflege, dass man miteinander schweigen kann. Dass man miteinander einfach zusammensitzt, in die Sonne schaut und in den Sonnenuntergang. Einen Spaziergang macht und gar nicht viel reden muss, weil man sich gegenseitig eine Stütze ist wie von einer anderen Welt. Weil man sich gegenseitig in einem tiefen Einverständnis befindet, das seinerseits ein großes Wunder ist.

Freundschaften, wirkliche Freundschaften, werden ja auch nicht beendet nach dem Motto: „Ich kündige dir die Freundschaft auf." Ich weiß nicht, ob das jemand einem anderen schon mal so gesagt hat, denn was kann es bei einem wirklichen Freund schon geben, dass ich mich nicht mehr mit ihm zusammengehörig fühle? Vielleicht gibt's das, aber ich habe das noch nicht erlebt.

Die meisten Freundschaften werden eigentlich dadurch beendet, dass sie ausklingen und auslaufen – der eine meldet sich nicht, der andere meldet sich auch nicht, und plötzlich sind zwei Jahre vergangen und man hört nix mehr voneinander. Dann kann tatsächlich auch noch ein Wunder passieren – Menschen haben mir das so erzählt –, dass sie sich nach drei, vier Jahren wieder bei ihrem besten Freund gemeldet haben und dann war es so, als seien gar keine vier Jahre vergangen. Das Einverständnis und der Einklang waren immer noch da. Darum braucht Freundschaft einen festen Platz in der Erinnerung, damit ich weiß, was mir wirklich wichtig im Leben ist. Und ich sollte die Namen meiner Freunde, der wenigen, die ich habe, in Ehren halten, sie aufschreiben, vielleicht mit einer Karte an meine Pinnwand hängen, Fotos von ihnen dort haben. Denn sie sind die Kenner meines Herzens, bei denen ich Zuflucht nehmen kann, wenn ich sonst vor jedem mein Herz verstecken müsste. Mit ihnen kann ich Gedanken teilen, die ich sonst mit keinem teilen kann. Weil Freunde, die das eigene Herz kennen und die mit mir in die gleiche Richtung schauen, Menschen sind, die hinzutreten, vielleicht wie der Wanderer von Emmaus, der den Jüngern, die mit Blindheit geschlagen sind, zur Seite geht, und plötzlich können sie wieder sehen. Freunde sind Augenöffner!

> Der Freund ist der Kenner des eigenen Herzens,
> mit dem man in die gleiche Richtung blickt.

Gibt es so etwas wie eine Seelenverwandtschaft?

Eine Seelenverwandtschaft zwischen Menschen besteht sowieso. Die ersten Seiten der Bibel erzählen ja, dass Gott diesen Humus, diesen Klumpen Dreck genommen und einen Geist in ihn hineingeblasen hat. Es ist die Geschichte der Beatmung des Menschen, der Inspiration, der Schöpfung; es geht um den Menschen als der von Gott Inspirierte inmitten der Schöpfung. Alle Menschen tragen diesen göttlichen Atem. Das ist bei uns im Grundgesetz niedergelegt: Die Würde des Menschen ist unantastbar. Das kommt aus dieser jüdisch-christlichen Tradition, dass alle diesen Gottesatem in sich tragen, und deswegen gibt es erst mal eine Seelenverwandtschaft mit allen Menschen und – das wird ja heute immer mehr entdeckt – mit der ganzen Schöpfung.

Albert Schweitzer hat mal gesagt: „Ich bin Leben, das leben will, inmitten von Leben, das leben will", und dieser Respekt vor dem Leben und vor der Schöpfung gehört mit dazu. Wir sind miteinander in der Schöpfung grundsätzlich alle verwandt. Und mich als franziskanischen Bruder begeistert dieser Gedanke natürlich schon seit sehr, sehr langer Zeit. Der heilige Franziskus, der mit den Vögeln spricht, der mit allen Menschen redet ... „Die Brüder sollen mit jedermann anständig reden, wie es sich gehört", schreibt er in seiner Regel. Wir sollen ein Bruder aller Menschen sein. Ja, wir sind seelenverwandt, und alle Menschen haben es verdient, dass ich ihnen mit Respekt, in Liebe, in Wahrhaftigkeit begegne und dass ich für die Gerechtigkeit unter den Menschen kämpfe und für sie eintrete. Niemand ist eben eine Insel. Keiner ist Robinson Crusoe und ganz allein, sondern wir Menschen sind aufeinander Verwiesene. Wir sind miteinander verbunden in diesem Konzert der Welt, in der ja alles in Bewegung ist.

Mich hat in Bezug auf diese Gedanken der Seelenverwandtschaft ein altes Hörwerk von Joachim-Ernst Berendt sehr inspiriert. Das ist ein Jazz-Spezialist in den 1980er-Jahren gewesen. Er hat das wunderbare Hörwerk „Die Welt ist Klang. Von der Geburt der Welt aus der Musik" geschrieben. Und dieser Sound, der in der ganzen Schöpfung ist – bis hin in die Atome, alles ist Schwingung –, ist für mich letztlich ein Hinweis darauf, dass wir miteinander seelenverwandt sind und in diesem Gott schwingen. Ich sage das noch einmal deutlich als glaubender Mensch: in diesem Gott miteinander schwingen und aufeinander zuschwingen – und manchmal auch voneinander wegschwingen, das gehört ja dazu, dass ich komme und gehe. Einatme und ausatme.

Die Frage nach der Seelenverwandtschaft beinhaltet natürlich auch die Frage: Kann es so etwas geben, dass ich irgendwo hinfahre, auf einer Terrasse sitze und mein Wasser trinke, und dann fängt jemand am Nebentisch an, sich mit mir zu unterhalten, und ich fühle eine besondere Innigkeit, eine besondere ... ja, Seelenverwandtschaft? Leuten im Kegelklub geht es ja ähnlich; sie sind mit zehn, zwölf Leute zusammen und mit dreien fühlt man sich besonders verbunden. Oder ich bin in einer Glaubensgemeinschaft, gehe zum Gottesdienst, und da gibt's drei Leute, bei denen denke ich: „Die ticken so wie ich." Diese Art von Seelenverwandtschaft gibt es auch, dass wir noch einmal im Kleinen ausdrücklicher miteinander erfahren, dass wir, obwohl wir vielleicht biografisch fremd sind, vielleicht nicht mal den gleichen Glauben haben, vielleicht nicht mal die gleichen Hobbys haben, aber dass trotzdem so etwas wie eine Freundschaft von Seele zu Seele da ist. Wie eine Art Seelenverwandtschaft.

Ich glaube, dass Gott tatsächlich möchte, dass wir in diesem Vielen, Vielen, Vielen der Schöpfung mit einzelnen Menschen, einzelnen Geschöpfen eine innere Verbindung haben, die Ausdruck ist der großen Verbundenheit aller.

Ich kenne Leute, die zu Hause ein Terrarium haben, und da sind zwei Kreuzspinnen oder Vogelspinnen drin, und das ist für sie ihr Ein und Alles. Die können mit der Spinne auch reden. Ich denke mir dann: „Damit eine Verwandtschaft zu fühlen …?" Oder jemand hat den berühmten Wellensittich, andere haben Hunde, gleich bleibt: Es gibt Seelenverwandtschaft, geschöpfübergreifend. Hier kommt etwas wie in einer Art Fest der Liebe, wie in einer Art Brennglas zusammen. Es gibt etwas wie eine Zusammengehörigkeit, ohne die ich nicht sein kann. Das ist ja der Punkt bei der Seelenverwandtschaft, dass ich spüre: Ich bin mit dir so innig, dass ich aus dir heraus zu neuen Gedanken komme. Dass du mich unterstützt in dem, was ich eigentlich will, dass ich noch mal viel präziser fassen kann, was eigentlich meins ist – und wir miteinander so eine Seelenverwandtschaft haben. Die gibt es übrigens auch bis in die Literatur hinein. Es gibt Bücher, durch die der Autor mir eine tiefe Verbundenheit mit einer Romanfigur schenkt. Ich denke da zum Beispiel an „Der Schwarm" von Frank Schätzing. Diese Verbundenheit aller Schöpfung miteinander, wie er sie da beschreibt, will mir gar nicht aus dem Kopf. Oder wenn ich an den Kinofilm „Das Piano" denke … Wahnsinn, als diese Pianistin über Bord geht und mit ihrem ganzen Piano in die Tiefe gerissen wird – das war für mich ein tiefes Bild von Taufe. Und so verbindet jeder mit Erfahrungen, die er macht, eine Seelenöffnung, eine Herzensöffnung, die ihm einen neuen Horizont erschließt. Das ist dann ein wirkliches Geschenk.

Diese Seelenverwandtschaft kann ich am besten wahrnehmen, wenn ich eine Grundbereitschaft zum Staunen habe und eine Art „Überraschungsgeist" bin – also jemand bin, der sagt: „Das Leben darf mich überraschen. Das Leben darf mir einen Horizont aufreißen, mit dem ich nicht gerechnet habe." Ich möchte mein Leben nicht nur begreifen als etwas, was eine Art Summe ist aus dem, was ich alles erlebt habe – Strich drunter, und das bin ich heute. Nein, ich bin nicht nur meine Vergangenheit. Ich bin auch derjenige, der im Miteinander mit anderen ist. Das ist immer unplanbar, und ich bin derjenige, der auch von einer Zukunft her angezogen wird, in der ich eine Erhebung, eine Inspiration, eine Vervollkommnung meiner Seele erhoffe. Das glaube ich tatsächlich. Eine Zukunft, in der ich gut aufgehoben bin. Diese Seelenverwandtschaft geht ja über Raum und Zeit hinaus und hat für mich auch etwas zu tun mit dem, was wir in der Kirche singen: „Mit allen Engeln und Heiligen preisen wir darum deinen Namen und singen dein Lob: Heilig, heilig, heilig, Gott, Herr aller Mächte und Gewalten …" Dieses Einstimmen in den Gesang der Heiligen und der Engel, in diesen himmlischen Gesang, diese himmlischen Sphären ist für mich ein Haltepunkt, der mir täglich neu sagt: Ich bin jemand, der ein Eingebundener ist. Und ich will dieses Eingebundensein täglich begrüßen als die Möglichkeit, weiterzugehen.

Ich kenne aber auch die Versuchung, mich dagegen zu stemmen, diese Seelenklänge nicht an mich ranzulassen. Ich will mich davon jetzt einfach nicht beeindrucken lassen! Ich weiß nicht, ob du das schon einmal erlebt hast: Du bist im Museum, du stehst vor einem Bild und merkst: Dieses Bild ist wie ein Seelenbild von dir. Und dann drehst du dich um und gehst schnell weg, weil du dich nicht darauf einlassen willst. Oder du wirst in einem Konzert so mitgerissen, dass du sagst: „Ich kann da nicht länger zuhören, weil ich mich dann nicht mehr in der Hand habe, ich muss mich dann aus der Hand geben und vielleicht ein Neuer werden."

Von daher bejahe ich die Seelenverwandtschaft durchaus. Ja, es gibt Seelenverwandtschaft grundsätzlicher Art, aber es gibt auch eine Seelenverwandtschaft zu Menschen der Vergangenheit, der Gegenwart – und ehrlich gesagt, wenn ich auf meine Nichten und Neffen schaue, auf Kinder schaue, dann schaue ich sie auch manchmal an wie Botschafterinnen und Botschafter aus einer Zukunft, die über meiner Vorstellungskraft liegt. Und ich fühle mich seelenverwandt mit einer ewigen Jugend, die in der Schöpfung ist, die ich auch gerne Auferstehung nenne, ein ewiger Wille zum Leben. Denn das ist ja eigentlich die Seele: Die Seele ist diese unbändige Lebenskraft, die es schafft, aus dem, was ich manchmal nicht mehr zusammenkriegen kann an unterschiedlichen Erfahrungen meines Lebens, meine Person zusammenzuweben. Und wenn ich dann andere beobachte, die das auf ihre Weise auch tun, Menschen, die sich vom Leben herausfordern lassen, dann spüre ich: Ja, in uns ist die gleiche Seele und der gleiche Wille zum Leben am Werk.

> Wir sind seelenverwandt,
> und alle Menschen haben es verdient,
> dass ich ihnen mit Respekt, in Liebe,
> in Wahrhaftigkeit begegne und
> dass ich für die Gerechtigkeit unter den Menschen
> kämpfe und für sie eintrete.

Wie verzeihe ich richtig?

Mal ganz vorweggesagt: Man kann nicht alles verzeihen. Es gehört mit zu den großen Belastungen im Leben von Menschen, dass sie denken, sie müssten immer jedem alles und überall verzeihen. Und das geht leider nicht. Bevor ich jetzt über die Frage nachdenke „Wie verzeihe ich richtig?", möchte ich anmerken: Es gibt Unverzeihliches. Man hat selber schon Sachen getan, die man sich nicht verzeihen kann, und andere haben einem schon Sachen angetan, die man denen auch nie verzeihen kann. Es gehört wohl mit zu den demütigendsten Erkenntnissen, dass wir eben doch nicht der liebe Gott sind, der alles kann, und dass wir uns manchmal mit Bemühungen zufriedengeben müssen.

Aber wie verzeihe ich richtig? Da gibt's ja noch einen zweiten Punkt, der das Verzeihen ziemlich schwer macht: Ich kann ja nur verzeihen, wenn jemand Schuld eingesehen hat. Ich kann keinem verzeihen, der sich im Recht sieht. Ich kann keinem verzeihen, der sagt: „Wieso? Was ist denn passiert? War doch ganz normal! Ich weiß gar nicht, was du hast. Ich musste so handeln! Ich konnte gar nicht anders!" Wie soll ich solchen Leuten, wenn die mir dann echt was angetan haben, verzeihen? Die drehen ja immer weiter an dieser Schraube. Rechthabern kann ich nicht verzeihen, und ich kann Leuten nicht verzeihen, die einfach nicht einsichtig sind. Ich kann mir vielleicht überlegen: Was kann ich tun, dass sie einsichtig werden? Das wäre vielleicht ein erster Schritt, wenn ich mir überlege, wie ich jemandem verzeihen kann. Ich müsste erst mal die Frage lösen: Wie kann ich den anderen dazu bringen, dass er einsieht, was er angerichtet hat?

Ich kann mich erinnern, dass mir jemand mal etwas angetan hat, das ich dem anderen dreißig Jahre lang nicht sagen konnte. Ich habe dreißig Jahre mit mir gehadert, ob ich dem das überhaupt sagen kann. Und dann habe ich mir ein Herz gefasst und habe es ihm geschrieben. Immerhin war ich doch sehr berührt, dass er mich sofort anrief, nachdem er den Brief gelesen hatte, und sagte: „Ich bin wie vom Donner gerührt – was ist denn das? Dass das so auf dich gewirkt und das ausgelöst hat – das wollte ich ja nun überhaupt nicht! Ich komme mal vorbei!" Und dann kam er vorbei, und wir hatten ein Gespräch. Dann habe ich aber gemerkt, dass man das auch nicht wiedergutmachen kann. Er bat um Verzeihung, und ich konnte ihm auch verzeihen, aber die Wunde ist geblieben. Ein Leben lang werde ich sie mit mir rumschleppen.

Darum: Man darf nicht zu viel Hoffnung in dieses Verzeihen setzen. Was gewesen ist, das ist gewesen und wir werden das weiter mitschleppen. Wenn ich jemandem richtig verzeihen will, dann muss ich bereit sein, die Wunde, die er mir geschlagen hat, als meine Wunde anzunehmen. Die Narbe bleibt. Und wenn ich dem anderen verzeihe, weil er um Entschuldigung gebeten und mitgefühlt hat, was in mir alles durch ihn passiert ist, dann hilft er mir, diese Wunde anzunehmen und damit zu leben. Dann kann ich ihm auch verzeihen. Zum Verzeihen gehört also jemand, der einsichtig ist – und ich kann mir überlegen: Wie kann ich ihm dabei helfen? Indem ich mich ihm als Verwundeter zeige – was aber nicht so einfach ist, weil natürlich auch eigener Stolz da ist: „Ich muss doch jetzt nicht anfangen, ich muss doch jetzt nicht auf den zugehen. Wieso soll ich jetzt den ersten Schritt machen? Der muss jetzt aber erst mal so richtig ... und wenn der nicht kommt, dann mach ich nicht ..." – ja, das kenne ich. Und deshalb bitte ich dich, dass du daran denkst, dass du kein kleiner Junge oder kein kleines Mädchen mehr bist. Du bist ja erwachsen, und du kannst nachempfinden, dass es jemandem superschwerfällt, auf dich zuzugehen, weil er weiß, dass er Mist gebaut hat. Und er schämt sich oder es fällt dem anderen schwer zuzugeben, dass er etwas Falsches gemacht hat – das ist alles gar nicht so einfach. Wenn du jemandem verzeihen willst, dann öffne ihm doch die Tür, halte ihm zumindest mal eine Hand hin und vielleicht kannst du auf diese Weise mit ihm einen Weg gehen, dass er einsichtig wird. Wie kannst du dann dem anderen verzeihen, wenn er dir signalisiert hat, dass er es eingesehen hat, dass das falsch war? Dann kannst du natürlich zu ihm hingehen und mit ihm sprechen – in dem Bewusstsein, dass die Wunde, die da ausgelöst worden ist, bleibt. Viele können nicht verzeihen, weil sie die Wunden nicht annehmen können, die der andere ihnen geschlagen hat.

Ein Beispiel: Untreue. Wenn du fremdgegangen bist, fragst du dich vielleicht: Soll ich's meiner Frau sagen? Oder soll ich's meinem Mann sagen? Das wird die/der mir nie verzeihen können. Und umgekehrt: Mein Mann ist fremdgegangen, meine Frau ist fremdgegangen. Kann ich ihm/ihr verzeihen? Der andere hat ja unserer Ehe einen wahnsinnigen Riss zugefügt. Ich hatte so gehofft, dass wir eine wunderschöne Ehe haben, und jetzt habe ich eine Ehe mit Riss. Das anzunehmen, dass es einen Riss gibt und dass dieser Riss das Kreuz sein kann, das dann im Zimmer hängt und vielleicht mit Goldfarbe wegen des Auferstehungsglaubens angestrichen worden ist. Das Kreuz erzählt ja, dass Sünde und Kränkung Quellen sein können für etwas ganz Neues. Ein Anfang von Auferstehung.

Um jemandem richtig zu verzeihen, brauchst du tatsächlich auch so etwas wie die Gnade der Hoffnung. Die Hoffnung, dass das etwas auslösen kann, was heilsam ist, obwohl etwas total schiefgelaufen ist. Dass das etwas anstoßen kann, was ohne dieses Drama gar nicht angestoßen worden wäre. Aber wie gesagt: Es ist eine sehr hohe Kunst.

Jeder hat schon mal Dinge erlebt, bei denen er gemerkt hat: Das kann ich überhaupt keinem erzählen. Wem soll ich das überhaupt sagen? Demjenigen, der mir so wehgetan hat, kann ich es schon mal gar nicht sagen. Verzeihen kann ich dem auch nicht. Aber man muss sich so etwas von der Seele reden. Deshalb bitte ich dich: Rufe die Telefonseelsorge an, geh zu einem Priester, geh zu einem Menschen deines Vertrauens, rede mit deinem Hausarzt darüber. Behalte das bloß nicht für dich, wenn du nicht richtig verzeihen kannst und du dich vor lauter Betroffenheit nicht in der Lage siehst, den ersten Schritt zu tun.

Ich kann nur verzeihen,
wenn jemand Schuld eingesehen hat.

Wie kann ich Menschen lieben, die mir auf die Nerven gehen?

Das ist eine Frage, mit der ich mich natürlich immer wieder neu beschäftige, denn ich lebe ja in einer Ordensgemeinschaft. Ich habe mir diese Männer nicht ausgesucht, mit denen ich hier zusammenlebe, und die haben sich mich auch nicht ausgesucht. Da geht's mir nicht anders als dir, der du Nachbarn hast, die du dir nicht ausgesucht hast. Falls du noch zur Schule oder Uni gehst: Du hast Mitschüler oder Mitstudierende, die du dir nicht ausgesucht hast, du hast Lehrer, die du dir nicht ausgesucht hast. Und ehrlich gesagt: Dein Leben hast du dir auch nicht ausgesucht.

Wie kann ich Menschen lieben, die mir auf die Nerven gehen? Da müssen wir einfach zu dem Begriff der Liebe gehen. Das war für mich eine supergroße Befreiung, weil ich natürlich so jugendlich beschwingt war, als ich mit neunzehn ins Kloster gegangen bin: Liebe, ja, das ist wunderbar, ist schön! Ich hatte mal eine Freundin und noch eine Freundin. Ich wusste, das ist irgendwie wunderbar. Als wir uns trennten, war's natürlich nicht wunderbar. Dass zur Liebe eben auch der Schmerz gehört, hatte ich ein bisschen beiseitegelegt. Ich war immer noch schwärmerisch und versuchte dann, alle Leute gut zu finden, alle Leute toll zu finden und als Christ natürlich mit jedem zurechtzukommen. Auch mit dem, der mir auf die Nerven ging. Ich habe dann das Maul gehalten, weil ich ja demütig sein, es aushalten und zusehen muss, dass der andere nicht von mir verletzt wird und sich nicht über mich aufregt. Ich dachte, das sei alles Christenpflicht. Bis ich irgendwann draufgekommen bin, dass das mit der Liebe ja nun etwas ist, was untersucht werden muss.

Es gibt natürlich Liebe und Schmetterlingsgefühle und Sich-toll-Finden, das mag ja alles richtig sein, aber eigentlich heißt Liebe – und das hört sich jetzt sehr kalt an, wenn ich das sage, deshalb zieh dich schon mal warm an –: Ich habe mich entschieden, den Standpunkt der Selbstsucht zu verlassen. Und dann heißt „ich liebe jemanden", dass ich ihn nicht mit der Frage anschaue: „Was habe ich von dir?" oder „Wer bist du für mich?" Für mich war es dann fast eine Erlösung, als ich feststellte: Liebe ist eigentlich etwas ganz anderes. Lieben heißt, dass ich mich entschließe, den Standpunkt der Selbstsucht zu verlassen und dass ich mich entschließe, alles seinem Wert gemäß zu behandeln. Bei dieser Frage „Wie kann ich jemanden lieben, der mir auf die Nerven geht?" ist das eine wunderbare Hilfe. Dann muss ich nicht mehr dafür sorgen, dass der andere mir nicht mehr auf die Nerven geht, und ich muss mich nicht so verbiegen, bis er mir nicht mehr auf die Nerven geht – das kann ja keine Liebe sein. Und das ist auch keine Liebe. Sondern Liebe heißt: Der, der mir auf die Nerven geht, ist Mitmensch, ist wertvoll und kann nichts dafür tun, dass er seinen Wert niedrig macht. Er ist es mir wert, dass ich mich ihm gegenüber wahrhaftig verhalte. Die Liebe hat ja zwei Geschwister: die Wahrheit und die Gerechtigkeit. Die Liebe sorgt dafür, dass ich mich dem anderen gegenüber wahrhaftig verhalte, und die Liebe bringt es auch mit sich, dass ich für Gerechtigkeit sorge. Dass ich diesem Menschen gerecht werden will und dass er umgekehrt auch die Pflicht hat, mir gerecht zu werden.

Wie kann ich also jemanden lieben, der mir auf die Nerven geht? Die Antwort lautet, dass ich die Kommunikation mit dem anderen nicht aufhören lasse. Ich höre nicht aus Heiligkeit auf, weil ich so fromm und so heilig bin, dass ich alles aushalte, dass ich alles mitmache und dass ich mich so verbiege, damit der andere so bleiben kann, wie er ist – diese Art von Liebe ist schrecklich. Damit hat jemand mal das Wort Demut verbunden. Man muss dann ganz demütig sein und alles aushalten – das kann's ja nicht sein! Aus Heiligkeitsgründen die Klappe zu halten, kann ja keine Liebe sein.

Und wie kann ich den lieben, der mir auf die Nerven geht? Indem ich tatsächlich mit ihm so in Kommunikation trete, dass ich ihm zeige: „Aus Liebe zu dir bist du es mir wert, dass ich dir sage, wie es mir mit dir geht. Nicht mit dem Anspruch, dass du dich verändern musst, aber du sollst zumindest mal wissen, wie es mir mit dir geht. Und vielleicht ist das sogar eine neue Nachricht für dich, weil dir das bis jetzt noch nie jemand gesagt hat." Es geht um die Kommunikation darüber, dass ich jemandem zeige, wie es mir geht, ihm die Wahrheit meines Lebens zumute, ihn damit entdecken lasse: Ich bin ja gar nicht so ein frommer Pater, der alles aushält. Nein, ich kann auch jemandem sagen: „Es fällt mir echt superschwer, immer wieder zu erleben, dass die Worte, die ich dir sage, mir andere wieder zutragen. Offensichtlich hast du sie weitergesagt – ich kann mir das nicht anders erklären. War das überhaupt so? Reden wir einfach mal drüber." Oder: „Dass du beim Essen ständig mit den Fingern in der Nase bohrst, finde ich ekelhaft! Es ekelt mich an. Du sollst zumindest wissen, wie das für mich ist." „Ich mache mir Sorgen, es geht mir auf die Nerven, ich kann es nicht ertragen ..." sind Formulierungen, die ich benutzen darf, damit der andere einen Einblick in meine Seele gewinnt. Den anderen auszuhalten, also jemanden zu lieben, der mir auf die Nerven geht – die Arbeit ist dabei eigentlich nicht das Aushalten, das ist gar kein Ziel. Aushalten kann kein Ziel sein. Die Arbeit und das Schwere daran sind, dass ich bekennen muss, dass ich nicht alles kann. Ich muss bekennen, dass ich Grenzen habe und dass der andere an diese Grenzen stößt. Ich muss mich sozusagen selber vom heiligen Sockel runterholen und dem anderen meine Bedürftigkeit zeigen. Ich bin ja Kapuziner, franziskanischer Mensch, und der heilige Franziskus hat diesen Bettelorden gegründet. Das bedeutet ja nicht: „Haste mal 'nen Euro?", also rumgehen und betteln, sondern es heißt: „Ich zeige dir meine Bedürftigkeit. Ich zeige dir, dass ich gerne mit dir zurechtkommen würde, aber leider gelingt es mir nicht, denn dieses oder jenes, das ich von dir erkenne, kann ich nicht ertragen, nicht aushalten, das stört mich, das ruft in mir dieses und jenes wach. Ich bin zwar bereit, das weiter auszuhalten, wenn ich langsam kennenlerne, warum das so ist, wie du das machst, was mich da gerade nervt und warum du das machst, aber ich will es dir zumindest einmal sagen."

Wie kann ich den lieben, der mir auf die Nerven geht? Indem ich auf ihn zugehe und ihm das einfach zeige und auch sage. Und meine Erfahrung ist, dass Menschen supererstaunt sind, wenn man ihnen mal sagt, wie sie auf einen wirken und was sie in einem auslösen. Dann kann es zu einem schönen und guten Gespräch kommen. Es kann allerdings auch dauern, denn das ist für manchen eine Art Majestätsbeleidigung, wenn man ihm mal zeigt, was er in einem wirklich auslöst, aber es gehört zu einem reifen, reichen, abwechslungsreichen Leben dazu, dass wir einander begegnen als fehlbare Menschen, als Menschen, die Fehler machen, als Menschen, die auch Fehler anderer erleiden müssen. Und wenn wir unsere Definition von Leben dahingehend verschieben, dass wir sagen: Leben bedeutet nicht, dass ich wie in einer Art Whirlpool liege und wir alle stoßen nicht aneinander, und es ist eine wunderbare fließende, wärmende Liebe um uns herum ... Wenn wir mit solchen Definitionen mal aufhören und anfangen zu sagen: Leben ist wie ein Miteinander-auf-dem-Weg-Sein und sich gegenseitig die Augen zu öffnen, sich gegenseitig zu bekennen, dass ich nicht alles sehen kann. Es geht darum, dass wir einander sagen: Ich bin nicht Gott, und ich brauche dich, damit ich mit dir durchs Leben gehen kann.

Wenn dir also jemand auf die Nerven geht, dann sollte deine erste Frage sein: Was erkenne ich von mir, weshalb genau geht mir das auf die Nerven? Dann kannst du es dem anderen zeigen, weil du die Hoffnung hast, dass die gemeinsame Kommunikation dazu führen wird, dass ihr euch wieder neu und besser ertragen könnt.

> Es gehört zu einem reifen, reichen,
> abwechslungsreichen Leben dazu,
> dass wir einander begegnen als fehlbare Menschen,
> als Menschen, die Fehler machen,
> als Menschen,
> die auch Fehler anderer erleiden müssen.

Wo sind die Grenzen der Toleranz?

Das Wort „Toleranz" ist ja nun wirklich in aller Munde. Alle wollen tolerant sein, alle müssen tolerant sein – und dann sind wir sehr schnell bei einer Haltung, die sagt: „Anything goes!" Man möchte in Frieden leben, und das heißt eigentlich: Ich will mich nicht nass machen lassen. Ich will auch den anderen nicht angehen. Also bleiben wir dabei, dass alles möglich ist.

Die Folge dieser falschen Haltung ist eine tiefe Einsamkeit und eine tiefe Isolation der Menschen, denn wenn ich alles tolerieren muss, dann kann ja alles richtig sein und dann brauche ich auch gar nicht mehr zu diskutieren. Dann muss ich auch überhaupt nicht mehr mit dem anderen darüber nachdenken, was vielleicht falsch an seiner Haltung ist. Und das Schöne ist, der andere muss ja auch tolerant mir gegenüber sein. Also kann ich bei dem bleiben, was ich so denke. Da spricht man heute gerne von „Blasenbildung": Jeder sitzt in seiner Blase und hört immer nur noch das, was ihn bestätigt, und wer kritisch ist, der ist eben intolerant. „Das wird man ja doch wohl noch mal sagen dürfen!", sagen dann Menschen, die beanspruchen, dass man sie nicht kritisiert, weil sie natürlich sowieso im Recht sind. Das ist – so sage ich es mal ganz kritisch als Katholik – ein bisschen die Fortsetzung eines Satzes, der am Ende des 19. Jahrhunderts Furore gemacht hat: Extra ecclesiam nulla salus – Außerhalb der Kirche gibt es kein Heil! Das ist tatsächlich so gesagt und auch sehr missverstanden worden. Ich glaube, dass da vielleicht etwas dran ist – das brauche ich jetzt hier nicht zu erklären –, aber ein bisschen schwingt da mit: Außerhalb von dem, was wir glauben und was wir für richtig halten und außerhalb von uns gibt es eigentlich nichts, was wertvoller ist, wahrer ist, offener ist, menschlicher ist. Das könnte man fortsetzen. Und deswegen, glaube ich, müssen wir auch als Katholiken sehr, sehr selbstkritisch sein, wenn wir über Toleranz reden, weil es gegenüber Protestanten (so war's bei den Katholiken), gegenüber Juden, gegenüber Muslimen doch schon Haltungen gibt, die in etwa besagen: „Die sind nicht so ganz richtig. Wir sind eigentlich richtiger."

Die Frage „Was ist Toleranz und wo sind die Grenzen der Toleranz?" ist für mich schon eine Herausforderung, weil ich zu einem Verein gehöre – mit Verlaub gesagt –, in dem Tolerieren so eine Sache ist. Aber ich bin immer noch gerne katholisch und mache meinen Glaubensweg auch gerne, weil natürlich die Kirche dazugelernt hat und ich persönlich auch. Als ich mit neunzehn ins Kloster gegangen bin, fand ich mich schon ein bisschen besser als alle anderen, das gebe ich ganz offen zu. Ich dachte: „Ich mach's ganz toll, und die anderen machen es nicht so toll." Das war vielleicht nicht gerade intolerant, aber es war schon ein bisschen Überheblichkeit mit dabei. Bei dem Wort „tolerieren" schwingt sehr viel von meiner eigenen Geschichte mit. Ich könnte auch sehr nahe Familiengeschichten erzählen, in denen es mit der Toleranz und dem Glauben gar nicht so weit her war, sondern da wurde sehr schnell verurteilt und abgeurteilt, da wurden Vorurteile kolportiert und andere Menschen verletzt. Das muss man einfach sagen, und das kann ich an dieser Stelle auch bekennen.

Wenn du in dein eigenes Leben reinschaust – ich weiß nicht, ob du so ein super Toleranter bist –, stellst du vielleicht fest, dass du auch eine Lerngeschichte hinter dir hast. Du hast gelernt, den anderen auch mal anders sein zu lassen.

Gehen wir doch einfach mal auf die Wurzel des Wortes „Toleranz" zurück, das kommt nämlich von lateinisch tolere und heißt „tragen". Ein toleranter Mensch ist also einer, der tragen kann. Und man kann natürlich nur tragen, wenn man ein Fundament hat, ist ja logisch. Wenn man kein Fundament hat, kann man auch nicht tragen. Darum sind eigentlich die Menschen am tolerantesten, die eine klare Einstellung zum Leben gefunden haben. Menschen, die ein Fundament haben. Ich rede nicht von Fundamentalisten. Meine Definition von Fundamentalisten, die ja durchweg alle intolerant sind, ist die, dass ich sage: Fundamentalisten sind Leute, die kein Fundament haben. Das sind Menschen, die immer nur auf andere schlagen, um sich noch besser zu fühlen.

Wenn ich tolerant sein möchte, brauche ich selber ein Fundament und eine Einstellung zum Leben. Deshalb ganz klar: Es kann derjenige am tolerantesten sein, der sich im Leben am gesichertsten fühlt. Das ist einfach so. Wer mit Vater und Mutter aufgewachsen ist und wusste, dass sich jemand um ihn kümmert, fühlt sich sicher! Wer erlebt hat, dass er seine Versuche und auch seine Fehlversuche machen darf und dennoch angenommen und geliebt wird, fühlt sich sicher. Wenn ich Dinge getan habe und liebende Menschen um mich herum hatte, die mich dann nicht rausgekickt, sondern die mir Raum gegeben haben, zu erkennen, was richtig und was vielleicht falsch war – mit einem Wort: Menschen, bei denen ich schuldig werden konnte und die mir dann auch Vergebung und Versöhnung angeboten haben –, dann entwickle ich eine Flexibilität in der Seele, die davon genährt ist, dass ich getragen bin: getragen von der Liebe der Eltern, Großeltern, Nachbarn. Ich fühle mich sicher, wenn ich in einem Klassenverband war, in dem ich Lehrer hatte, die mir vermittelt haben, dass Diskutieren toll ist und dass eine andere Meinung mich nicht unbedingt tötet, und wenn sie mich verunsichert, dass sie mich dann doch umso mehr wieder in meine Grundlagen und in mein Fundament hinunterführt.

Als ich während meiner Ausbildung die ersten Vorlesungen in Philosophie hatte, kauten wir die atheistischen Theorien noch mal richtig durch. Auch in der Schule hatten wir das schon gemacht. Aber im Studium habe ich dann gemerkt, dass ich vor allen Dingen dachte: „Ich muss die zwar kennen, aber die haben sowieso nicht recht, die muss ich bekämpfen." Ich habe erst langsam gelernt, dass das Denken der anderen mein eigenes Denken poliert. Dass das Sein des anderen mein eigenes Denken poliert.

Mein Begriff von Toleranz heißt eigentlich: Ich bin ein tragfähiger Mensch, der Hoffnung hat, dass das andere, der andere mich noch mehr zu dem bringt, wovon ich wirklich überzeugt bin. Dass das natürlich Grenzen hat, ist auch klar. Wo sind die Grenzen dieser Toleranz? Ganz einfach: Wo der andere mit mir nicht in den Dialog geht. Wo der andere mir gegenüber so auftritt, dass er nicht um meinetwillen mir begegnet und selber auch bereit ist, zu wachsen, sondern wenn er mit der Brechstange kommt und mir eins überbraten will. Da bin ich schon ziemlich intolerant. Dann möchte ich zu jemandem sagen: „He, Moment mal, hör mal – das, was ich jetzt von dir höre, das höre ich in einer Art und Weise, dass ich merke, du bist nicht mehr dialogbereit. Du bist nicht mehr bereit, mit mir zusammen zu einer größeren Wahrheit vorzudringen." Das ist die eine Grenze der Toleranz. Ich bin sozusagen nicht tolerant gegenüber Intoleranten. Ist ja logisch: Wer mich nicht toleriert, den kann ich auch nicht tolerieren.

Und es gibt noch etwas Zweites: Es gibt Meinungen und Überzeugungen, die will ich nicht tolerieren, weil sie einfach gegen meine Grundüberzeugung gehen, dass wir miteinander gerufen sind, als Mitmenschen und Mitgeschöpfe auf dieser Welt unterwegs zu sein. Ich kann nicht tolerieren, dass jemand sagt: „Ein Mensch, der mit der Geburt nicht zu unserer Gesellschaft gehört, ist weniger wert, da muss man weniger drauf achten." Ich kann auch nicht tolerieren, wenn jemand sagt: „Na ja, wenn jemand Einschränkungen hat" – behindert sagt man wohl –, „dann müssen wir den irgendwie verwahren und sehen, dass wir ihn kostengünstig gerade so am Leben erhalten. Mehr müssen wir nicht machen." Nein, nein, nein! Wir müssen da schon mehr tun, dass Menschen mit ihren Beschränkungen – am Ende ist ja jeder beschränkt – wachsen und auch leben können. Mit einem Wort: Wenn es an die Würde des Menschen geht und ich spüre Meinungen, die die Würde des Menschen nicht mehr achten, die eigentlich Kommunikation aufkündigen, den Zusammenhalt der Menschen untereinander aufkündigen, sind für mich Grenzen der Toleranz erreicht. Da kann ich auch mal ganz schön hart werden und, wie man so schön sagt, eine Kapuzinerpredigt halten. Da muss man vielleicht auch mal mit klaren und deutlichen Worten sagen: „Freundchen, hier ist jetzt Schluss. Da kann ich mit dir nicht weiterdenken, und deine Meinung will ich auch nicht mehr zulassen als etwas, was mich noch zu etwas Neuem bringen kann, weil es die fundamentalen Werte unseres Lebens angreift."

Darum sind die Menschen am tolerantesten,
die eine klare Einstellung zum Leben
gefunden haben.
Menschen, die ein Fundament haben.

Ich finde keinen Zugang mehr zu meinem Kind. Was kann ich tun?

Wenn ich mit Eltern spreche, dann reden sie natürlich darüber, wie glücklich sie über ihre Kinder sind, dass sie ihre Kinder begleiten und das Beste für ihre Kinder wollen. Beim Taufgespräch sehe ich ja diese Eltern zum ersten Mal, wenn sie sich bei mir als Seelsorger melden. Bei diesem Gespräch sage ich den Eltern dann auch mal einen Satz, der sich wirklich furchtbar anhört, aber den ich trotzdem sage – ich zögere auch jetzt, den hier so zu zitieren, denn man könnte denken: Der Bruder Paulus ist aber echt ein ziemlich harter Knochen, mit jungen Eltern so zu reden! Ich sage den Eltern immer – und ich erkläre den Satz auch gleich noch –: „Wissen Sie eigentlich, dass Sie Ihr Kind geboren haben zum Sterben?" Einmal tief durchatmen ... Ja, das ist so, das wissen Eltern auch eigentlich, und vor allen Dingen junge Eltern werden ja nachts wach, um zu hören, ob das Kind überhaupt noch atmet. Man hört ja auch die Geschichten vom plötzlichen Kindstod. So glücklich wir sind über das Leben, das in diese Welt kommt, so sind diese Kinder doch auch uns nicht geschenkt, damit wir sie behalten.

Ein bisschen übertrieben gesagt: Eine Mutter, die schwanger ist und sagen würde: „Das ist aber so schön mit meinem Kind, ich will gar nicht, dass es geboren wird! Ich behalte das einfach die ganze Zeit für mich!", wäre dem sicheren Tod ausgeliefert. Sie muss es loslassen. Dieser Geburtsvorgang, so sagen mir Kinderärzte und Gynäkologen, ist der größte Schmerz, der Menschen zugefügt wird. Wenn die Hirnplatten gegeneinander verschoben werden und das Kind sich aus der Mutter rausschraubt, ist das der größte Schmerz, den ein

Mensch in seinem Leben erleben kann. Da werden schon die Endorphine im Gehirn gebildet, da wird das Kind zum ersten Mal vom Gehirn aus mit den Endorphinen „betäubt", und da – so sagen Psychologen – setzen sich die Lichteffekte fest. Ein Blitzen, aus diesem Kanal rauskommen, das Licht der Welt erblicken, das ist durchaus nicht nur das Tageslicht, sondern auch diese erste Erfahrung mit körpereigenen Morphinen, die das Kind davor schützen, dass der große Schmerz es sozusagen umbringt. Ich erkläre das jetzt hier so ausführlich, denn wenn man sich das bewusst macht, hat es die Natur von Anfang an so eingerichtet, dass diejenige, die das Kind zur Welt bringt, diesem Kind den größten Schmerz zufügt – um vielleicht gleich zu Beginn ein Zeichen zu setzen, dass das ganze Leben auf Trennung hin orientiert ist. Das ganze Leben ist auf Trennung hin orientiert. Auf Geborenwerden und am Ende auch auf Sterben. Und von daher glaube ich tatsächlich: Eltern sollten sich zunächst einmal klarmachen, dass ihre Kinder sich so entwickeln sollen, dass man sie irgendwann vielleicht nicht mehr versteht, weil sie so sehr zu eigenen Gedanken gekommen sind, dass man selber keinen Zugang mehr dazu hat.

Ich verstehe aber, dass hinter dieser Frage eigentlich etwas anderes steht. Ein großes Thema, von dem ich sagen möchte: Sprich dieses Thema gegenüber deinen Kindern an, die du nicht mehr verstehst und zu denen du keinen Zugang mehr hast – das ist das große Thema Sorge. Wenn Eltern nicht mehr mit Kindern sprechen können oder auch Kinder mit ihren Eltern (denn das gibt es ja auch umgekehrt, dass Kinder sagen: „Ich kann nicht mehr mit meinen Eltern sprechen" und dass Eltern den Kontakt zu ihren Kindern aufgekündigt haben) – versucht, über das Thema Sorge ins Gespräch zu kommen: „Ich möchte dir einfach sagen, dass ich mir Sorgen mache, und ich möchte dir auch sagen, dass du nicht dafür da bist, mir diese Sorgen zu nehmen, denn diese Sorgen sind meine Sorgen. Du musst meine Sorgen nicht übernehmen. Aber wenn ich jetzt sehe, wie du dich bei den Islamisten engagierst …" oder: „Wenn ich sehe, wie du nur noch an dich selber denkst und gar nicht mehr deine Frau siehst und auch nicht mehr deine Kinder" oder: „Ich mache mir Sorgen, weil ich überlege: Was ist mit dir passiert, dass du mich jetzt neun Monate nicht mehr angerufen hast? Ich mache mir Sorgen, was da passiert ist". Das könnte möglicherweise ein Schlüssel sein, durch den dein Kind sich veranlasst sieht, zu sprechen und dir etwas mitzuteilen. Denn wenn du keinen Zugang mehr zu deinem Kind hast, wenn du keinen Zugang mehr hast zu dem Menschen, den du in den ersten Lebensjahren begleitet hast, dann ist vielleicht etwas passiert, was mir viele Kinder auch sagen: dass die Eltern zu viel ihre eigenen Gedanken im Kopf hatten, was aus den Kindern werden soll, dass die Eltern sich zu viele Vorstellungen gemacht haben, was wirklich das Richtige ist, und dann einfach nicht mehr verstehen können, dass die Tochter plötzlich vegan lebt und die Eltern ablehnt, die doch den Hirschbraten ganz gerne sonntags auf dem Tisch haben. Kinder sagen dann: „Aus Furcht davor, dass Mama es schon wieder besser weiß, aus Furcht davor, dass sie mich dann auch entwertet, dass sie sich eigentlich gar nicht interessiert, dass sie es einfach nicht ertragen kann … deswegen rede ich nicht mehr mit ihr."

Aber es gibt auch noch einen anderen Aspekt, warum Kinder den natürlichen, herzlichen Kontakt mit Eltern aufkündigen. Manche Kinder sagen: „Ich möchte meine Mutter eigentlich nicht verletzen." Vor dreißig Jahren hätte ich jetzt als Beispiel gesagt (vielleicht gilt das trotzdem noch in manchen Regionen Deutschlands, aber in der Welt auf jeden Fall): „Ich spüre, dass ich schwul bin. Das will ich meinen Eltern nicht zumuten, also sage ich lieber gar nix und verheimliche diesen Teil meiner Existenz." Oder – das war früher auch so ein Thema –: „Ich bin aus der Kirche ausgetreten, das will ich der Mutter lieber nicht sagen, die den ganzen Tag in die Kirche geht. Also entferne ich mich von ihr, damit sie ja nicht fragt und damit ich sie ja nicht anlügen muss. Darum rufe ich vielleicht zum Geburtstag an, und zwar so, dass ich schon weiß, dass das Gespräch nur zehn Minuten dauert, damit es ja nicht in die Tiefe geht, denn ich möchte meine Mutter nicht verletzen."

Wenn du also ein Kind hast, das mit dir keinen Kontakt mehr hat, könntest du deinem Kind einfach mal zwei, drei Geschichten aus deinem Leben erzählen, wie du sehr gekränkt und verletzt worden bist durch Menschen, die du doch sehr magst (durch einen Lehrer, einen Pfarrer …), sodass dein Kind begreift, dass du mit Kränkungen und Verletzungen umgehen kannst und nicht mit Exkommunikation reagierst. Mit Exkommunikation hieße: „Wenn du das meinst, dann rede ich nicht mehr mit dir! Wenn du so bist, das kann ich mir nicht erlauben!" Denn du musst dir eben als Elternteil einfach vorstellen, dass deine Kinder dich auch schützen wollen. Ich nenne mal ein Beispiel: Dein Sohn hat sich in eine Muslima aus dem Iran verliebt, die Burka trägt, und fragt sich jetzt, wie das wohl ist, wenn er mit seiner Freundin in dein Dorf kommt und sie dir vorstellt. Dann verändert sich ja auch für dich und für dein ganzes soziales Umfeld alles. Bis jetzt hast du noch von deinem Sohn erzählt, dass er so toll ist und was er alles macht und tut und dass du hoffst, er findet eine Freundin. Jetzt hat er eine gefunden, eine Muslima – früher war das mit evangelisch vs. katholisch so –, und plötzlich stehst du dann da als die fromme Beterin in der Gemeinde (so war das ja früher) und dein Sohn kommt mit einer Muslima an! Oder du hast im Kegelklub ständig davon erzählt, dass du dir dieses oder jenes auf gar keinen Fall vorstellen kannst, und dann kommt dein Kind genau damit an – und dein Kind will dich davor schützen.

Ich habe festgestellt, dass die Beziehungen von Eltern zu Kindern entweder dadurch gestört sind, dass Eltern die Kinder immer noch behüten wollen und es immer noch besser wissen – welcher Vertrag besser ist, welche Versicherung besser ist, welcher Freundeskreis besser ist – und dass Kinder darauf keinen Bock haben. Oder aber, dass Kinder ihre Eltern schützen wollen, weil sie wissen, wenn sie ihnen diese Meinung, diese Lebensentwürfe mitteilen, dann sind die Kinder sozusagen untendurch, und die Eltern müssten dann im Dorf sagen: „Ja, mein Sohn wählt jetzt auch …"

Die Eltern-Kind-Beziehung ist deswegen manchmal so schwierig und die Eltern finden keinen Kontakt zu den Kindern, weil wir Menschen natürlich nicht nur Eltern-Kind-Beziehung sind. Wir sind ja auch im Freundeskreis, wir haben Freunde. Und dann sagt ein Kind vielleicht auch: „Ich möchte meinen Freunden gar nicht erzählen, dass der Papa dieses und jenes macht oder meint."

Das Beste wäre tatsächlich, wenn du es schaffst, mit deinen Kindern zu sprechen. Und wenn ihr nicht mehr sprechen könnt, dann schreibe einfach einen Brief über das Thema „Sorge" und darüber, dass du bereit bist, gerne auch ein ganz anderes Leben, eine ganz andere Meinung aus der Liebe zum Kind heraus zu akzeptieren. Du wirst nicht unbedingt immer alles für richtig halten, aber für dich steht doch das Gemeinsame und die Zusammengehörigkeit an erster Stelle. Vielleicht ist das ein Schlüssel.

Aber auch umgekehrt: Soweit ich das gelesen habe, haben wir in Deutschland über 250 000 Eltern, die darauf warten, dass die Kinder wieder Kontakt aufnehmen. Es ist schon auch ein Leiden, wenn man am Ende gar nichts mehr machen kann ... und vielleicht hilft da nur noch Beten.

Wenn Eltern nicht mehr mit Kindern
sprechen können
oder auch Kinder mit ihren Eltern,
können sie versuchen,
über das Thema Sorge ins Gespräch zu kommen.

V.

DER GLAUBE UND DAS BODEN-PERSONAL

Wohin führt mich die Frage nach Gott oder den Göttern?

Die Frage nach Gott und die Frage nach den Göttern führt dich erst mal aufs Glatteis. Das ist eine Frage, die ja nicht so einfach eine Frage ist wie: „Wo gibt's das nächste Eis?" oder „Wo mache ich den nächsten Urlaub?" Das Fragen führt in ein sehr weites und abenteuerliches Land. Ich höre auch ein bisschen Angst aus dieser Frage. Wo führt das nur hin, wenn ich mich jetzt auch noch mit der Frage nach Gott beschäftige und mit der Frage nach den Göttern? Da will ich dir gerne ein paar Hinweise geben. Tatsächlich ist es so, dass ich Menschen kenne, die nicht gelernt haben, religiös zu sein. Sie haben nicht gelernt, diese Dimension der menschlichen Seele zu pflegen. Ich persönlich bedaure das natürlich, weil ich finde, dass ein religiöser Mensch schon toll ist. Jürgen Habermas, der Frankfurter Philosoph, spricht vom religiös-musikalischen Menschen. Ja, wer Musikalität gelernt hat, ist ein bisschen bunter oder lebt wie auch immer vertiefter.

Wo führt es hin, wenn man jetzt die Frage nach Gott und den Göttern stellt? Es wäre wichtig zu gucken: Wann ist dir diese Frage gekommen? Ich denke mir, dass sie dir gekommen ist, weil du mal von etwas superfasziniert gewesen bist. Gleichzeitig hast du es gefürchtet. Der evangelische Religionsphilosoph Paul Tillich antwortet auf die Frage „Was ist überhaupt das Religiöse?", dass es sozusagen das Faszinosum und Tremendum ist. Das, was mich fasziniert und was gleichzeitig in mir eine Furcht auslöst. Es löst nicht Angst aus, sondern eine Furcht. Furcht ist so etwas wie Ehrfurcht. Ich gebe dir ein Beispiel: Du hast deinen Vater sterben sehen. Du warst ein gelernter atheistischer Mensch, du bist Materialist. Jetzt hast du deinen Vater sterben sehen. Du warst bei ihm in der Stunde des Todes. Dann kann es schon mal sein, dass neben allem Biologischen, was da so abläuft, und neben allem Psychologischen du gemerkt hast: Es tut sich hier etwas auf von Staunen, von Ehrfurcht, von Dankbarkeit. Ist das schon eine Frage nach Gott, nach den Göttern, einem Himmel, den Engeln? Es ist irgendwas hier, ein Mehrwert.

Oder ein anderes Beispiel: Du hast dich bis jetzt für einen beinharten Materialisten gehalten, und dann hat dich doch tatsächlich bei deinem letzten Museumsbesuch ein Bild angesprungen. Du hast plötzlich gemerkt: „Das spricht ja mit mir. Und das spricht mit mir von etwas … das kann ich gar nicht erklären." Mir geht das so, wenn ich Bilder von Chagall anschaue, zum Beispiel die Fenster von Chagall. Oder noch unverdächtiger – ein nicht religiöser Künstler – bei Bildern von Picasso. In Frankfurt haben wir Originale von Picasso hängen. Manchmal stelle ich mich davor, und dann dreht sich bei mir alles im Kopf, weil ich's einfach nicht zusammenkriege, wie der zu diesen Figuren kommt und was in dem los gewesen sein muss. Vielleicht ist es dir auch schon so gegangen: Du hast dir ein Kunstwerk angeschaut, und dann plötzlich dreht sich in dir alles. Es werden in dir fertige Dinge, fertige Erkenntnisse, fertige Meinungen infrage gestellt. Faszinierend und auch furchterregend, weil ja deine Sicherheit losgetreten wird.

Mir fällt noch ein Beispiel ein: Ich weiß nicht, ob du schon mal ein Baby im Arm gehabt hast. So frisch geboren, nach ein, zwei Tagen. Dass das alles funktioniert, das Atmen und das Schreien und das Trinken und das Ausscheiden – ich meine, wer da nicht zum Staunen kommt, der muss schon so beinhart sein wie die Mathematikstudentin, als der junge

Mann zum dritten Mal mit ihr in der Disco tanzt und ihr dann ins Ohr flüstert: „Ich liebe dich", und sie antwortet – ganz Naturwissenschaftlerin –: „Ich nehme es zur Kenntnis." Wer so beinhart ist, muss vielleicht noch ein bisschen mehr lernen.

Die Frage nach Gott und den Göttern führt dann dahin, dass ich mich bewegen lasse von dem, was ist. Und dann gibt's einen Weg in die Tiefe. Und darum wollen es viele Menschen nicht zu religiös, weil sie ja dann in der Tiefe angesprochen werden. Die Frage nach dem Sinn ... Sie werden selber infrage gestellt. Ist das wirklich sinnvoll, was ich mache? Infrage gestellt werden, auch darum braucht's Religion. Und ich hoffe, dass der Religionsunterricht erhalten bleibt. Ich hatte neulich erst wieder ein Gespräch mit jemandem, der sagte: „Religionsunterricht gehört abgeschafft! Das brauchen wir nicht!" Dann denke ich mir immer: In Nordkorea und in China tun die Mächtigen aber auch wirklich alles, dass der Religionsunterricht nicht stattfindet. Warum? Weil der Religionsunterricht stark macht, kritisch zu werden und infrage zu stellen. Denn wer an Gott glaubt, der fragt sich am Ende: Entspricht alles, was wir tun, wirklich dem Willen Gottes? Ist das wirklich aufbauend? Kreativ? Nützt das den Menschen? Nützt das der Welt?

Die Frage nach Gott und den Göttern macht sozialer. Es tut mir leid, dass ich das jetzt so sagen muss. Ich weiß, es gibt auch asoziale Kirche und asoziale religiöse Menschen. Aber die Frage nach Gott und den Göttern macht sozialer. Es gibt Umfragen in Deutschland in den Gegenden, wo der Atheismus den Leuten sozusagen aufbefohlen worden ist, wo, wie ich immer gerne sage, den Leuten das Menschenrecht auf religiöse Bildung staatlich verboten worden ist – das ist ja in

Ostdeutschland vierzig Jahre so gewesen –, die belegen, dass der soziale Zusammenhalt da schwieriger ist. Ist doch irgendwie merkwürdig, dass nach der Wende so viele Christen zu Bürgermeistern gewählt worden sind. Merkwürdig und auffällig. Ich ziehe daraus den Schluss, dass tatsächlich die christliche Grundbildung dazu führt, dass man sozialer wird.

Die Frage nach Gott und den Göttern führt dazu, dass ich am Ende bei den Menschen ankomme, dass ich nicht mehr ein Einsamer sein will. Dass ich nicht mehr einer sein will, der selber funktionieren will. Allerdings ist das auch eine gefährliche Sache, denn dann tauchen ja auch neue Pflichten auf. Und darum ist die Frage nach Gott und den Göttern tatsächlich eine Frage, die dich am Ende infrage stellt in deiner Konstruktion zur Welt.

Ich lebe ja in Frankfurt, wir haben neben unserem Kloster eine Kirche, die morgens um 8 Uhr immer voll ist. Warum? Sie ist voll mit Leuten, die plötzlich religiös geworden sind. Da gibt's natürlich die ganz beinharten Religiösen von Geburt an. Aber ich kenne einige, die gehen dahin, weil sie religiös geworden sind, und sie müssen sich zur Messe stehlen, da jetzt die Ehefrau, die zwanzig Jahre mit einem beinharten Katholiken zusammen war, plötzlich mit einem Gläubigen zusammen ist; das kriegt sie einfach nicht gebacken. Und dann sagen mir solche Männer: „Wir gehen morgens um 8 Uhr in die Kirche, dann ist der Frieden hergestellt. Anschließend bringe ich Brötchen mit und dann mache ich das Frühstück, dann ist meine Liebe um 10 Uhr wieder zufrieden." Die müssen religiös werden. „Sie werden staunen, Bruder Paulus", sagte mir jemand. „Ich lese jetzt plötzlich die Bibel! Zwanzig, dreißig Jahre lang habe ich das alles lächerlich gemacht, und jetzt muss ich, ich kann gar nicht anders, und ich frage mich: Wie konnte ich so blöd sein, dass ich meinte, ein solches Zeugnis aus fünftausend Jahren Glaubensgeschichte, nicht ernst nehmen zu müssen? Ich weiß gar nicht, wer mir das beigebracht hat."

Die Frage nach Gott und den Göttern stellt dich erstens infrage, zweitens führt sie dich in deine Tiefe und drittens führt sie dich zum Mitmenschen – und am Ende hoffentlich zu dem Gott, der diese Frage in dir losgetreten hat, denn davon bin ich ja ein für alle Mal überzeugt: Wenn es schon Atheisten geben sollte, gibt es sie natürlich nur aus Gottes Gnade. Und Gott hat seine Pläne mit uns Menschen. Er möchte, dass Menschen auf ihre Weise einander dienen und dann ihre Entdeckungen machen und in aller Freiheit ihn anbeten, ihn preisen, ihn loben und für ihn da sind. Und darum hoffe ich, dass die Frage nach Gott und den Göttern dich zu Gott selbst und zum Nächsten und natürlich auch zu dir selbst führt.

---

*Die Frage nach Gott und den Göttern
stellt dich erstens infrage,
zweitens führt sie dich in deine Tiefe
und drittens führt sie dich zum Mitmenschen –
und am Ende hoffentlich zu dem Gott,
der diese Frage in dir losgetreten hat.*

Wer ist Jesus?

Jesus ist wahrscheinlich die bekannteste Persönlichkeit, die auf Erden gelebt hat. Die Geschichtsquellen sind eindeutig: Einen solchen Menschen gab es. Flavius Josephus, ein römischer Geschichtsschreiber, berichtet von der Kreuzigung dieses Menschen. Er trug einen Namen, der in allen Völkern dieser Welt ausgesprochen werden kann. Immer heißt er „Jesus". Und das, was wir von ihm wissen, das wissen wir immer nur von Menschen, die von ihm berichtet haben. Jesus hat ja kein Wort selber geschrieben. Kein Buch, keine Spruchkarte, er hat nicht mal was in einen Stein eingeritzt, vielleicht so ein Herz, als er verliebt war. Von ihm persönlich gibt es eigentlich gar nichts zu berichten. Das ist schon merkwürdig. Von ihm gibt es nur Berichte und Zeugnisse. Offensichtlich hat Jesus etwas in Menschen losgetreten, sodass sie stark wurden, ihre Religion neu zu sehen. Die Juden haben ihr Judentum neu entdeckt, Jesus hat veranlasst, dass die griechischen Philosophen ihre Philosophie neu entdeckt haben. Und er hat wohl dazu Anlass gegeben, dass die Römer – zumindest einige Römer – das römische Recht ganz neu verstanden haben.

Wenn man so will, hat er den inneren Spirit in allem, was Menschen versuchen zu denken, was sie sich an Ordnungen geben und an Religion haben, offensichtlich freigesetzt. So sehr, dass dann sehr bald klar wurde: Dieser Mensch war Gottes Sohn. Und dieses Wort „Gottes Sohn" übersetze ich sehr gerne so: Er ist die Grundgrammatik, nach der Gott die Welt geschaffen hat. Die ersten Lieder, die in den christlichen Gemeinden gesungen worden sind, umkreisen dieses Thema. Durch diesen Jesus und auf ihn hin ist die ganze Schöpfung geschaffen, heißt es. Oder: Im Anfang war das Wort. Das

Wort war bei Gott. Alles ist geworden durch dieses Wort, und dieses Wort ist Fleisch geworden, und wir haben seine Herrlichkeit gesehen. Der Tisch, den ich anfasse, der Stein, den ich in der Hand halte, die Sonne, die ich sehe, der Regen, der auf meine Haut fällt, und schließlich ich selber – alles kommt aus diesem Jesus. So sehr, dass im Mittelalter ein Franziskanertheologe gesagt hat: „Man braucht eigentlich gar nicht viel zu beten, man muss immer nur Jesus sagen." In der Apostelgeschichte steht der Satz: *„In Jesus ist das ganze Heil"* (vgl. Apostelgeschichte 4,12). Wenn man so will, ist Jesus die Mitte der ganzen Schöpfung, der Ruhepunkt im Orkan des ganzen Kosmos. Das kann man jetzt glauben oder nicht. Mir jedenfalls ist es sehr sympathisch, dass in der Mitte von allem eine Person ist. Und wir entdecken ja gerade die Seelenverwandtschaft mit den Geschöpfen. Wir entdecken in der Welt, dass wir doch alle mehr zusammenhängen, als manchem lieb ist, und dass niemand etwas ohne den anderen machen kann und dass wir alle von gleicher Sprache sind. Ob nun Inuits oder Pygmäen oder Amerikaner oder Europäer – wenn jemand lacht, wissen wir, was das ist. Jemand weint: Das kennen wir auch. Jemand klagt: Das kennen wir. Jemand ist enttäuscht: Auch das kennen wir. Das alles ist ja international und kulturell unabhängig. Es gibt ein großes Miteinander. Und Christen sagen, dass dieser Jesus der Ursprung ist, aus dem alles kommt und zu dem alles hingeht. Im letzten Buch der Bibel sagt Jesus: *„Ich bin das Alpha und das Omega"*, so hört der Seher Johannes das (Offenbarung 1,8). Der Anfang und das Ende.

Wer ist also dieser Jesus? Er ist die Ur-Idee Gottes für diese Welt. Und wie hat Gott diese Welt zustande gebracht? Indem der Heilige Geist – davon sprechen die Christen ja auch: von dieser Power Gottes, dieser Kraft Gottes – das, was in diesem Jesus alles angelegt ist, kreiert hat. Die kreative Kraft. Und wer will heute nicht kreativ sein? Es geht um diese kreative Kraft Gottes, den Heiligen Geist. Man kann diesen Jesus also unmöglich verstehen ohne den Vater im Himmel und den Heiligen Geist, der die Kraft Jesu ist und der ihn mit dem Vater verbindet und der sozusagen der Anlass ist für das richtige Weltverhältnis.

Man kann sich ja fragen: Warum soll man an diesen Jesus glauben? Dann wäre meine Antwort: damit man das richtige Verhältnis zu den Dingen bekommt, auch Spiritualität genannt. Damit wir eine echte Spiritualität haben, also Menschen sind, die in dieser Welt so leben, dass sie diese Welt nicht nehmen als etwas, was nur für das Ich gebaut ist – dass ich reich werde, dass ich groß werde, dass ich stark werde –, sondern dass mir diese Welt eine geschenkte Welt ist, mit der ich verwandt bin und in der ich einer von vielen bin, der darin seine Aufgabe findet und der darin auch den anderen zu dienen hat. So wie die Welt mir dient, so diene ich auch den anderen. Von daher ist der christliche Glaube eben nicht so ein Glaube von vielen Glauben, sondern dieser Jesus ist, wenn er der Ursprung der Welt ist, tatsächlich auch der Ursprung von Mohammed und der Ursprung von Buddha und der Ursprung von allen Atheisten.

Als echter Christ sage ich: Freiheit kommt aus diesem Jesus von Nazareth. Und die Freiheit beinhaltet auch, dass man nicht an ihn glauben muss. Wenn jemand nicht an ihn glaubt, dann ist Jesus selber die Ursache. Das gibt mir eine ganz große Gelassenheit, und das ist sicher in den letzten Jahrhunderten sehr oft sehr falsch gemacht worden: dass man glaubte, man müsste Jesus wie so eine Art fremde Macht den

Leuten einbläuen. Ich denke da an Religionsunterrichtsmethoden der 1950er-, 1960er-Jahre. Oder an manche pietistischen Predigten, bei denen eingehämmert wird: „Und Jesus ...", „Und Jesus ...", „Und Jesus ..." Ja, wir dürfen seinen Namen nennen. Aber eigentlich ist es so, dass ich als Christ Menschen helfen will, die Welt zu entdecken und zu entdecken, dass das alles nicht ein sinnloses Miteinander ist, sondern dass darin eine große Aufgabe ruht, ein großer Schatz. Und wer diesen Schatz entdeckt, der wird von selber das Knie beugen, der wird von selber demütig werden, der wird von selber aufhören, alles haben zu wollen. Der wird einen Auftrag entdecken.

Wer ist dieser Jesus für mich? Er ist der Ursprung, und er ist am Ende natürlich für mich auch der Auftrag. Darum die Bergpredigt, die Ethik ... Alles das, was wir im Evangelium finden. Das ist ja keine Fremdsprache nach dem Motto: „Jetzt bin ich christlich, jetzt muss ich das auch noch machen!" Oder wie manche Menschen sagen: „Christentum ist alles, was man nicht darf." Die Christen versauern einem das Leben. Nein, das Christentum versteht das Evangelium als Muttersprache der ganzen Schöpfung. Und wenn wir den Leuten das Evangelium verkünden, dann verkünden wir denen nicht etwas Fremdes, so als würden wir eine merkwürdige neue Lehre verkünden, sondern ich hoffe, dass Menschen, wenn sie diesen Jesus entdecken, plötzlich feststellen: „Ah! Deswegen scheint mir das logisch zu sein!" oder „Darum ist diese Musik so schön!" oder „Das Gedicht verstehe ich viel besser" oder „Aha, das ist jetzt einfach tröstend, und darum will ich lieben" und „Das bedeutet Verzeihen!". Das sind alles Grundbewegungen, die uns aus dem automatischen Leben rausnehmen. Wenn man so will: Jesus ist derjenige, der uns vorgelebt hat und dessen Widerhall durch die Jahrhunderte bis zu uns heute gekommen ist, damit wir reif werden. Nicht dass wir Kinder sind, die diese Welt zu Tode konsumieren und denken, Freiheit hieße Fressen, Saufen und Genießen bis zum Geht-nicht-mehr, sondern Jesus lehrt uns, dass Freiheit heißt, die Dinge mit ihrem Wert zu erkennen. Über die Dinge zu staunen. Sie anzunehmen und letztlich auch das eigene Leben anzunehmen und nicht ständig daran herumzumeckern, dass man leider eben nicht ein großer Fußballstar geworden ist oder ein super Komponist, sondern wenn Jesus in meinem Herzen wohnt und ich ihn anerkennen kann als Herrn meines Lebens und als Sohn Gottes – ja, dann werde ich zufrieden, dann mache ich einfach das, was ich kann, und das mit ganzer Kraft.

> Jesus lehrt uns, dass Freiheit heißt,
> die Dinge mit ihrem Wert zu erkennen.

Ist der Papst wirklich unfehlbar?

Was für eine Frage! Ob der Papst wirklich unfehlbar ist, ist eine Frage, die viele Menschen beschäftigt, und ich finde auch: mit Recht. Wenn man das einfach so hört: „Der Papst ist unfehlbar", dann hat man erst mal die Vorstellung: Was der macht und sagt, das ist unfehlbar richtig, ist unfehlbar anzunehmen von jedem Katholiken. Da kann man nicht mehr diskutieren, da sieht man mal wieder, was die Kirche für eine verbohrte Clique ist mit einem Diktator an der Spitze, der einem vorschreiben kann, was man denken soll, was man meinen muss, wie man handeln muss. Im Grunde genommen der Ausbund von Unfreiheit, der Ausbund von Entmündigung.

Die Geschichte von dieser Unfehlbarkeit des Papstes, die Geschichte des Dogmas reicht ja in die Zeit des zu Ende gehenden Kirchenstaates 1870, und da muss man historisch sehen, dass da tatsächlich versucht worden ist, von interessierter Seite das Papsttum wieder als das Super-hyper-König-Kaiser- und-sonst-was-tum aufzubauen, also: Macht. Muss man einfach so sagen, das war schon damals im Schwange. Ist ja auch irgendwie verständlich. Nach Napoleon und der Säkularisierung war ein gewisses Niederlagengefühl da, es gab eine Reihe von Leuten, die die Rolle der Kirche mit so einem Dogma wieder stärken und erhöhen wollten. Es kam dann zu einer Spaltung, es entstanden die Neukatholiken und die Altkatholiken, die ihren eigenen Weg gegangen sind. Dieses Dogma hat seine historischen Wurzeln, und man kann durchaus darüber diskutieren.

Ehrlich gesagt: Ich bin sehr froh über diese Frage, ob der Papst unfehlbar ist, denn ich finde es auf jeden Fall wichtig, dass wir über dieses Dogma diskutieren. Weil es unser Menschsein schützt. Das wird dich jetzt wahrscheinlich ein bisschen überraschen, vielleicht klingt es etwas sehr groß: „Es schützt dein Menschsein." Erst mal möchte ich fragen: Was besagt dieses Dogma überhaupt? Das Dogma besagt, wenn man es genau liest, dass der Papst, wenn er sich unfehlbar äußern will in einer Glaubens- oder Sittenlehre und dies tun will in Gemeinschaft mit den Bischöfen der ganzen Welt, in Gemeinschaft mit der ganzen Kirche, dass er dann unfehlbar ist in seiner Lehräußerung. Da steckt so was drin wie eine Art

„im Netzwerk gebunden sein". Der Papst ist nicht unfehlbar, weil er eine tolle Mutter hat oder super studiert hat oder ich weiß nicht was toll meditiert hat oder so nachgedacht hat, wie keiner nachdenken kann, sondern es ist eine Netzwerkäußerung. Der Papst soll und kann die Meinung der ganzen katholischen Kirche zum Ausdruck bringen – und das kann er unfehlbar, weil da die ganze katholische Kirche nachdenkt. Dieser Gedanke steckt nämlich dahinter: Dann kommt die katholische Kirche auf das, was wirklich wahr ist bezüglich des Glaubens und was wirklich wahr ist bezüglich der Ethik. Da sieht die ganze Sache schon mal anders aus. Und wir leben ja in einer Welt, in der zwar alle von sozialen Netzwerken sprechen, aber das Unsoziale immer noch nicht getilgt ist, man könnte fast sagen: zementiert zwischen Norden und Süden oder zementiert zwischen gebildet und ungebildet. Man kann nicht sehen, dass viel Geld investiert wird, um Ungleichheiten zu beseitigen, soziale Abgrenzungen aufzulösen – auch wenn der US-Präsident Biden jetzt den Mauerbau an der Grenze zu Mexiko gestoppt hat. Der Mauerbau war ja ein Fanal von US-Präsident Trump: „Abgrenzung hilft!" Nein, Abgrenzung hilft eben nicht.

Das Unfehlbarkeitsdogma will zum Ausdruck bringen: Die Gesamtheit der katholischen Kirche, die Gläubigen können herausfinden, was wirklich wahr ist und was nicht wahr ist. Und das ist zuerst einmal eine Art Festlegung, dass in der Gemeinschaft und im gemeinsamen Einklang sich Wahrheit äußert. Wenn man nach Rom in den Petersdom kommt, kann man das Dogma von der leiblichen Aufnahme Mariens in den Himmel sehen. Das wurde 1950 verkündet, und da sind die Namen aller Bischöfe in Marmor eingemeißelt, die das unterschrieben haben. Es ist schon interessant zu sehen, dass da tatsächlich nicht irgendetwas ausgedrückt worden ist, was irgendjemandem eingefallen ist, sondern da hat jemand die Stimme erhoben im Einklang mit der ganzen Kirche. Insofern ist der Papst unfehlbar, wenn er als Papst spricht, wenn er als Garant der Einheit der katholischen Kirche spricht.

Das Menschliche – und ich habe ja gesagt: Dieses Unfehlbarkeitsdogma hütet aus meiner Sicht etwas sehr Menschliches – hat Kardinal Ratzinger, Papst Benedikt, in seiner Laufbahn als theologischer Lehrer ausgeführt. Er selbst ist natürlich auch Schüler gewesen von Karl Rahner und hat teilweise auch mit ihm gelehrt – und Rahner sagt, dass es ein Existenzial im Menschen gibt, etwas dem Menschen zutiefst Innerstes, dass er nämlich nur handeln kann, wenn er die Wahrheit erkannt hat. Das heißt, jeder Mensch möchte einfach wissen, wie's wirklich ist. Willi will's wissen! Wir wollen ja nun wissen, wie es wirklich ist. Da nützt es uns gar nichts, zu sagen: „Also, ich glaube ja, dass ein Benzinmotor die Umwelt weniger verschmutzt als ein Elektromotor." Ja, schön. Aber was ist denn wirklich wahr? Oder mal ein bisschen gefährlicher: „Ich glaube ja, dass ein wachsender Zellhaufen im Mutterschoß bis zum dritten Monat noch kein richtiger Mensch ist, darum kann man den ruhig im Mutterschoß töten, und ab dem dritten Monat ist es vermutlich schon so viel menschenwürdevoll, dass man den dann nicht mehr einfach so wegmachen darf." Was ist denn jetzt wahr? Oder kann man die Wahrheit gar nicht finden? Können wir Menschen die Wahrheit gar nicht finden? Wenn dem so wäre, dass wir nicht die Wahrheit finden können, dann können wir auch nicht mehr leben. Dann ist ja alles beliebig, dann können wir auch nicht mehr miteinander reden, dann können wir uns auf nichts mehr einigen. Und deswegen sage ich: Dieses Unfehlbarkeitsdogma bringt etwas zum Ausdruck, was unser Menschsein schützt. Dass wir nämlich Sucher nach der Wahrheit sind und nur aus dem heraus handeln wollen, was wirklich wahr ist. Das muss man sich mal auf der Zunge zergehen lassen: Wir wollen etwas tun, was wirklich die Wahrheit ist. Du liest jetzt zum Beispiel dieses Buch. Ich will dir hier in keiner Weise meine Wahrheit um die Ohren hauen, das nicht! Aber ich zeige dir, dass auch ich auf der Suche nach der Wahrheit bin, und halte dich für einen Menschen, der es wirklich wissen will. Zum Beispiel was die Unfehlbarkeit angeht.

Neben dem kirchlichen Aspekt (der Papst ist nur als Eingebundener, als Religious Networker, unfehlbar) gibt es noch einen zweiten, den ich für noch viel wichtiger halte: dass wir Menschen Wahrheitssuchende sind und dass es uns verdammt nervt, wenn wir die Wahrheit nicht gefunden haben. Mir fällt da Teilhard de Chardin ein, ein Jesuit und Paläontologe, also ein Naturwissenschaftler. In den 30er-Jahren des letzten Jahrhunderts ging er durch China mit dem Hämmerchen in der Hand und klopfte Steine auf, um die Zeugen der Erdgeschichte zu finden, und dann fragte ihn jemand: „Mensch, du ziehst mit deinem Hämmerchen durch China und klopfst überall Steine. Was suchst du eigentlich wirklich?" Und er antwortete: „Ich suche das Herz der Welt." Das gibt es wohl, wahrscheinlich. Davon war er überzeugt, und davon bin ich auch überzeugt. Das ist eine Wahrheit, die unfehlbar ist – aus meiner Sicht. Ich bin ja kein Papst, aber ich verlasse mich darauf total! Wenn ich nicht wüsste, dass es in dieser Welt ein Herz gibt, einen innersten Sinn, dann würde ich kaum noch einen Grund finden zum Leben, und darum verlasse ich mich darauf, dass das unfehlbar wahr ist. Dass das Leben, zu dem ich gerufen bin, ein Leben ist mit einem Sinn. Daran gibt's für mich zwar aus vielerlei menschlichen Gründen viel zu zweifeln, aber eigentlich gibt es daran gar nichts zu zweifeln. Das ist unfehlbar wahr.

> Das Unfehlbarkeitsdogma
> will zum Ausdruck bringen:
> Die Gesamtheit der katholischen Kirche,
> die Gläubigen können herausfinden,
> was wirklich wahr ist und was nicht wahr ist.

Immer mehr Menschen treten aus der Kirche aus. Was macht ihr falsch?

Ich werde das immer mal wieder gefragt: Was machen wir eigentlich falsch, dass Leute aus der Kirche austreten? Darauf antworte ich erst einmal ziemlich flapsig: Diejenigen, die aus der Kirche austreten, haben's eigentlich sehr gut! Ich wäre schon sehr oft sehr gerne aus der Menschheit ausgetreten. Wenn ich mir angucke, was die Menschheit schon alles so gemacht hat ... Dann schäme ich mich ab und zu, ein Mensch zu sein. Dabei könnten wir uns schon manchmal am Riemen reißen. So als Menschheit. Tun wir aber nicht.

Was macht die Kirche also falsch, dass Leute aus ihr austreten? Da muss man zunächst einmal fragen: Die Kirche, wer ist denn das überhaupt? Und da krieg ich schon die Krise, wenn Leute mir erzählen: „Ja, der Papst ... im Vatikan ..." Dann sag ich: „Diese Rokoko-Kulisse gibt's erst seit 450 Jahren!" – „Ja, und die haben ja Hexen verbrannt!" – Stimmt, das hat die Kirche auch gemacht. Heute lassen wir auf einer Altenpflegestation eine Altenpflegerin und irgendeinen nicht Deutsch sprechenden Helfer zwanzig Pflegebedürftige sonntags morgens pflegen und halten uns auch für ein kulturell hochstehendes Volk.

Also: Es gibt tatsächlich Fehler in der Beurteilung von Situationen und welche Pflichten oder Verbote sich dann für das Handeln daraus ergeben. Ein Beispiel: Die einen sagen, „Der Dienst beim Militär dient dem Frieden" – und haben dafür gute Gründe. Andere wiederum kommen aus anderen Gründen zu dem Entschluss: „Ein Dienst beim Militär zerstört den Frieden". Oder auch in der Diskussion um Euthanasie: Die einen sagen, dass es zur Würde des Menschen gehört, dass er sein Leben beenden kann. Ich selber sage: Nein, zu seiner Würde gehört es, sein Leben zu bewahren, das ja genau der Träger dieser Würde ist.

Ja, die Kirche hat durchaus Fehler gemacht. Wie wird wohl über uns geurteilt werden in zehn und in zwanzig und in dreißig Jahren? Ob uns nicht auch gesagt wird: Habt ihr nicht gewusst, was ihr da alles anstellt? Dass alle fünf Sekunden ein Kind stirbt? Ihr fliegt zum Mars und ihr erforscht den Weltraum und könnt nicht dafür sorgen, dass weltweit die Menschen gut leben? Was seid ihr für eine Generation gewesen? Dieses vorwurfsvolle Denken an die Kirche gibt's. Richtig. Wunderbar. Wir müssen Vorwürfe machen, aber die gelten natürlich auch gegenüber der ganzen Welt.

Was machen wir also falsch, dass Leute aus der Kirche austreten? Darauf würde ich im nächsten Schritt so antworten: Ich glaube, da hat die Kirche das gleiche Problem wie die Parteien. Und vielleicht auch wie die Feuerwehrvereine. Und wie die Sportvereine. In Frankfurt haben wir Sportvereine mit 5 000 Mitgliedern, die keinen Vorstand mehr zusammenkriegen. Da kommt auch niemand zur Vereinsversammlung. Da kommen 300, vielleicht 200 Leute von 5 000. Wir spüren also, dass wir in einem Zeitgeist leben, in dem die Zugehörigkeit zu einer Institution für viele Menschen irgendwie nach Unfreiheit schmeckt. Dass Menschen denken: „Ach, dann muss ich da wieder hin, dann muss ich da unterschreiben und da wollen die dann Mitgliedsbeiträge. Aber ich will frei sein! Ich will unabhängig sein! Ich will mein eigener Herr sein!" Und an dieser Stelle sag ich dann: Wenn wir jetzt alle überall austreten und nicht mehr mitmachen, nur weil mir der Präsident nicht gefällt oder weil die Politik nicht stimmt oder weil dies und das nicht stimmt, dann halte ich das für – mit Verlaub gesagt – ziemlich kindisch. Das sage ich ganz deutlich.

Viele treten aus der Kirche mit guten Gründen aus. Ich weiß, dass Pfarrer Kinder geschlagen haben. Ich weiß, es gibt sexuellen Missbrauch. Ich weiß, es gibt goldene Badewannen. Ich weiß das alles! Aber ist das nicht auch kindisch, dass ich vielleicht nach diesen äußeren Dingen entscheide, ohne mich zu fragen: Was ist eigentlich in meinem Inneren los? Und: Wenn jemand etwas falsch macht – eine Institution, ein Verein, eine Partei, ein Staat –, ist das wirklich ein Grund, dass ich die Gemeinschaft aufkündige? Und da sag ich immer ganz deutlich: Nein! Das ist wie in der Ehe. Es kann doch nicht jede Ehe auseinandergehen, weil da irgendwas Furchtbares passiert ist. Ja, es passiert Furchtbares, wenn Menschen miteinander zusammenleben. Aber es gibt vielleicht – neben der klaren Notwendigkeit, auch mal tatsächlich Schluss zu machen – doch eine Pflicht, sich innerlich zu fragen: Was bewegt mich eigentlich wirklich?

Neulich saß ein junger Mann bei mir, der mir erzählte, dass er tatsächlich zwanzig Jahre lang alle Argumente gesammelt habe, die ihm erlauben, weiterhin nicht in der Kirche zu sein. Denn seine Eltern hätten ihn auch nicht katholisch erzogen. Und er sagte: „Ich bin jetzt dreiunddreißig und verheiratet, habe zwei Kinder, habe Geld und bin zufrieden. Jetzt langsam merke ich: Ist vielleicht in der Kirche doch etwas enthalten, was über 2 000 Jahre wichtig ist und wichtig bleibt und was ich entdecken muss? Gibt's vielleicht etwas, was innen drin ist, von mir aus auch in diesem Drecksgewand? Was so golden leuchtet, was ich zu erkennen habe?" Und dieser junge Mann erzählte mir, dass er jetzt tatsächlich anfängt, Kirchengeschichte zu studieren. Er hatte bisher nie eine Bibel in die Hand genommen und jetzt liest er sie mal. Und er sagte: „Ich höre so viele Life Coaches, und ich hab so viele Seminare gebucht, und ich war schon auf riesigen Veranstaltungen von Leuten, die mir dann erzählt haben, wie ich mich spirituell aufbauen kann. Und dann hab ich festgestellt: Das gibt's alles schon in der Kirche. Und zwar über 2 000 Jahre. Warum bediene ich mich eigentlich nicht da, wo es bei mir vor der Haustür liegt?"

Es stimmt: Die Kirche macht manches verkehrt. Aber dass viele Menschen aus der Kirche austreten und sagen: „Kirchenglocken sollen mich nicht mehr interessieren, und was die machen, soll mich nicht mehr interessieren", das liegt nicht nur an der Kirche, sondern das liegt auch daran, dass wir einen Zeitgeist haben, der einem sagt: „Zugehörigkeit ist vom Bösen" und „Was, dazu gehörst du?" Und dann ist es besser, zu sagen: „Nö, dazu gehöre ich nicht. Ich bin in keiner Partei, ich bin nicht in der Kirche, ich bin kein richtiger Deutscher, ich hab auch noch irgendein anderes Blut.

Ich gehöre eigentlich nirgendwo dazu." Wenn man nirgendwo dazugehört, dann ist man fein raus – das halte ich für eine Ideologie, und ich möchte dich ganz ehrlich fragen, egal, ob du jetzt in der Kirche bist oder nicht: Wozu gehörst du eigentlich? Du sagst: „Ich gehöre zu der Nachbarschaft, in der ich lebe." Bist du stolz darauf? Hast du da mal ein Fest organisiert? Hast du mal überlegt, wie das mit der Kinderbetreuung laufen kann? Oder vielleicht sagst du: „Ich bin stolz darauf, dass ich zu dieser Firma gehöre!" Bist du im Personalrat? Hilfst du mit, dass Betriebswahlen funktionieren? Oder wozu gehörst du sonst? „Ich gehöre zum Sportverein!" Räumst du auch nach dem Sportfest mit auf? Und setzt du Sportgeräte mit instand? Ist deine Zugehörigkeit etwas, was du dich auch etwas kosten lässt?

Und das muss Deutschland wieder neu lernen. Es gibt eine Zugehörigkeit, aus der wir nicht rauskommen.

Wenn Leute aus der Kirche austreten, dann sag ich ihnen: „Bitteschön, dann tretet aus der Kirche aus. Hoffentlich ist das keine kindische Entscheidung, sondern eine reife Entscheidung." Und es bleibt die Frage: Wozu gehörst du denn dann? Du bist unabhängig? Da kann ich nur sagen: Da lachen ja die Hühner! Du brauchst ja deine Familie, deine Nachbarn, deine Arbeitskollegen, den Mechaniker in der Autowerkstatt ...

Klar, vielleicht ist Austreten mal nötig, aber noch wichtiger ist, dass man auch in eine Verpflichtungsgemeinschaft eintritt. Das muss nicht die Kirche sein, aber dass wir zusammengehören und ohne Zusammengehörigkeit nichts können, das liegt meiner Ansicht nach auf der Hand.

Wir gehören alle zusammen, und die Kirche steht dafür, dass Zugehörigkeit vielleicht sogar ein Lebensgeheimnis ist, das ich nicht wegnehmen muss. Sondern dass ich dazugehöre zu etwas, was ich mir nicht ausgesucht habe, was ich nicht gemacht habe und wo mir etwas gegeben wird, wo ich vielleicht selber gar nicht drauf käme.

Insofern glaube ich an die Kirche bei allen Fehlern, die sie hat – ich weiß um die Fehler. Ich will in dieser Kirche sein, weil ich das spannend finde. Ich möchte dazugehören zu einer 2 000 Jahre alten Tradition, die von einem Stifter kommt, der bis heute nicht aus den Büchern der Welt ausgetilgt werden kann. Wir leben nicht im 21. Jahrhundert nach Christus, sondern mit Christus. Davon bin ich fest überzeugt. Die Leute haben Jesus so wichtig gefunden, dass sie die ganze Zeitrechnung nach ihm ausgerichtet haben. Und deshalb würde ich doch sehr gerne zu dieser Kirche dazugehören. Die Welt bewegend, an vielen Orten bis heute sehr viel Gutes tuend.

> Wir spüren also, dass wir in einem Zeitgeist leben, in dem die Zugehörigkeit zu einer Institution für viele Menschen irgendwie nach Unfreiheit schmeckt.

Was ist deine Botschaft für Atheisten?

Ich erinnere mich an eine Begegnung mit einem Atheisten, der zu mir etwas gönnerhaft sagte: „Ach, Bruder Paulus, Sie glauben noch an Gott? Ich bin schon einen Schritt weiter." Dann guckte ich ihn an und sagte: „Da gratuliere ich Ihnen. Und ich hoffe, dass da, wo Sie jetzt mit diesem einen Schritt weiter sind, etwas gefunden haben, von dem Sie spüren, dass es für Sie wahrhaftig und echt ist."

Ich bin da, wo ich in meiner Beziehung zu Gott bin, wahrhaftig und echt. Und im Gespräch mit Atheisten sage ich auch deutlich: Ich akzeptiere es, wenn jemand sagt, er sei Atheist. Ich gehöre nicht zu der Fraktion von Leuten, die sagen: „Atheisten sind verkappte Gläubige." Wenn jemand einfach sagt: „Ich kann mit Gott nichts anfangen" – und da gibt es sehr, sehr viele Menschen –, dann nehme ich das einfach erst mal an. Und wenn jemand mich fragt, wie er zum Gläubigen werden kann, dann bin ich auch erst mal ratlos und sage dann meistens, indem er ein richtiger Atheist bleibt. Das sage ich Atheisten tatsächlich: „Bleiben Sie echte, richtige, gute Atheisten." Weil ich damit eine Hoffnung verbinde: dass jedes menschliche Herz, das wirklich die Wahrheit sucht, dass jedes menschliche Herz, das bereit ist, zu zweifeln und sich infrage zu stellen, dass jedes menschliche Herz, das lieben will – und Lieben heißt ja: Ich verzichte auf den Standpunkt der Selbstsucht und ich bin bereit, zu staunen –, dass jeder, der so lebt, aus dem Tiefsten heraus das lebt, was Gott in ihm grundgelegt hat. Und ob er Gott dann nennt und erkennt, ihn anbeten kann, ihn preisen kann, ist für mich ein zweiter Schritt. Denn jeder Lobpreis und jedes Gebet muss aus einem freien Herzen kommen wie eine freie Antwort der Liebe.

Wenn ich könnte und mir die Gelegenheit gegeben würde, würde ich gemeinsam mit Atheisten einen Sonnenaufgang bestaunen und einfach von ihnen lernen, was sie empfinden und wie sie den einordnen. Ich würde mit ihnen an einem Totenbett sitzen und beobachten, was sie empfinden und einordnen. Ich würde mit ihnen ins Museum gehen und würde versuchen, einfach zu verstehen. Weil ich vielleicht auch lernen kann. Denn ich könnte lernen, wie jemand die Welt sieht, ohne an Gott zu glauben, und ich würde vielleicht neu wieder auch meinen eigenen Glauben wertschätzen. Ich würde einen Atheisten bitten, mich ein bisschen an sein Herz heranzulassen, damit ich noch mehr verstehe von dieser Art, die Welt zu sehen. Denn aus meiner Sicht hat Gott sein Herz geschaffen, und darum hat Gott auch aus dem Herzen eines Atheisten für mich eine Botschaft.

Dieser gegenseitige Respekt ist unbedingt in unserer Welt das Allernötigste, was wir brauchen. Den Respekt voreinander und die gegenseitige Hilfe, dass wir tiefer verstehen, warum uns was wie bewegt. In vielen Diskussionen wird viel zu viel über äußere Sachen geredet. Wir müssten erst einmal darüber sprechen: „Was bewegt dich eigentlich wirklich?" Das würde ich einen Atheisten fragen: „Was bewegt dich, wenn du auf die Welt schaust oder auf dich schaust?" Und dann wird er vielleicht auch bereit sein, mich zu fragen, was mich eigentlich wirklich bewegt. Ich glaube, wir würden sehr viele Verwandtschaftspunkte finden. Der Gott, an den ich glaube, an den muss nicht geglaubt werden. Der will gerne wieder geliebt werden, das ja. Daran hat er Freude. Aber er hat eben auch eine supergroße Geduld.

Der Gott, an den ich glaube,
an den muss nicht geglaubt werden.
Der will gerne wiedergeliebt werden.
Aber er hat eben auch eine supergroße Geduld.

Danke!

Zum Gelingen dieses Buches haben viele Menschen beigetragen. In erster Linie all diejenigen, die den Mut hatten, eine Frage zu stellen. Es gibt keine dummen Fragen, daher habe ich mich über jede Frage gefreut – denn jede Frage bedeutet für mich auch eine Herausforderung.

Sascha Hellen und Florian Bessel hatten die Idee zu diesem Podcast und haben mich über die Monate hierbei begleitet. Sie haben Fragen gesammelt, eigene Fragen formuliert und das ganze Projekt auch in Buchform auf den Weg gebracht. Ihnen beiden gilt mein Dank. Ebenso der Lamalo Consulting in Bochum, die dieses Projekt realisiert hat. Simone Sabel hat dem Manuskript redaktionell den Feinschliff gegeben. Auch ihr ein herzliches Dankeschön!

Beim Bonifatius Verlag sind Ralf Markmeier und Stefan Rüth verantwortlich. Schön, dass sich der Verlag, die beiden Herren und das ganze Team derart um die Publikation bemüht haben!

Der größte Dank gilt allen Leserinnen und Lesern, denen ich vielleicht eine Anregung geben konnte oder auch eine Aufregung bereitet habe. Meine Antworten müssen nicht allen gefallen.